COMMENT ÊTRE TOP PAPA

COMMENT
ÊTRE

TOP PAPA

LE GUIDE DES DOUZE
PREMIERS MOIS DE BÉBÉ

SHAWN BEAN

la grossesse

les soins de bébé

jouer avec bébé

se préparer

savoir faire

jouer

un mot de Shawn

48 accoucher dans le métro

Je suis un père de famille, ce qui ne veut rien dire. Mais je suis aussi un papa, et ça veut tout dire. Nous, les hommes, pouvons tous devenir pères, nous avons environ 50 ans pour cela (sous réserve d'être fertiles). Mais être papa requiert une bonne dose de persévérance, de dévouement et d'excellence supplémentaires. Certains sont musiciens quand d'autres sont des stars. Certains sont des soldats quand d'autres sont des guerriers. Certains sont pères quand d'autres sont papas. Dark Vador déclarait : « Luke, je suis ton père », il ne disait pas « Luke, je suis ton papa ». J'ai décidé d'écrire ce livre pour aider à la transformation du plus grand nombre de pères de famille en top papas. Pourquoi ? Parce que la maternité est un processus totalement différent de la paternité. La symbiose entre une maman et son bébé démarre bien avant la perte des eaux. Elle commence à aménager son style de vie en fonction de son bébé à venir, dès sa conception. Pour le papa, il faut généralement attendre l'accouchement pour que la connexion ait lieu. C'est ainsi : quand pour le papa c'est le jour J, la maman en est déjà au jour 280…

16 faire le marché

24 faire une liste de vœux

C'est parce que la paternité est une aventure unique que les pères ont besoin d'un guide pratique personnel. C'est ainsi qu'est né *Comment être top papa*, avec ses illustrations étape par étape, faciles à suivre (ce fut d'ailleurs un accouchement très naturel, sans péridurale ou césarienne).

préparer le biberon 77

J'aurais aimé avoir ce livre quand mon premier enfant est né. Avec lui, vous ne vous inquiéterez plus sur le régime alimentaire de votre femme (n° 16), vous saurez parfaitement comment sécuriser votre maison (n° 30) ou quoi emporter à l'hôpital (n°42). Mais ce livre va beaucoup plus loin. Savez-vous transformer un téléphone en babyphone (n°72) ? Vous aimeriez connaître le code couleur du caca de bébé (n° 81) ? Votre femme est sur le point d'accoucher dans le métro ? Là encore, ce livre peut vous aider (n° 48). De préparer le biberon (n°77) jusqu'à faire une liste de vœux (n° 24), tous les sujets sont ici abordés.

Mon grand-père n'a pas assisté à la naissance de mon père. Il est resté chez lui. Ma naissance, mon père l'a vécue dans une salle d'attente de la maternité. Moi, j'ai tenu la main de ma femme pour la naissance de mes deux fils. Afin de pouvoir continuer à évoluer, les pères d'aujourd'hui ont besoin d'informations et de nouveaux éclairages. C'est ce que ce guide pratique illustré veut apporter pour réussir le deuxième job le plus important de l'histoire de l'humanité.

un téléphone comme babyphone 72

comment utiliser ce livre

Dans les pages qui suivent, chaque élément d'information essentiel est présenté graphiquement. La plupart du temps, les dessins se suffisent à eux-mêmes. Dans certains cas toutefois, vous aurez besoin d'une petite information supplémentaire pour bien réaliser ce dont il s'agit !
Voilà comment les choses se présentent.

ZOOM
Ces petits cercles insistent sur les détails d'une étape importante, ou sur ceux à absolument éviter.

DIMENSIONS
Quand elles sont nécessaires, vous trouverez toutes les mesures dans l'image.

240 ml — I m

OUTILS
Tout ce dont vous aurez besoin pour réaliser une activité apparaît dans la barre d'outils. Vous avez du mal à comprendre un pictogramme ? Reportez-vous au glossaire des outils en fin de livre.

RÉFÉRENCES CROISÉES
Quand une chose en entraîne une autre, nous vous le ferons remarquer. Suivez les liens qui concernent les informations qui vous intéressent.

Éviter les colorants chimiques 90

GUIDE DES ICÔNES

Au fil des pages, certaines icônes vous aideront à comprendre la marche à suivre. Voici celles que vous allez rencontrer.

2–3 min	Le minuteur indique le temps que requiert une tâche relativement courte.	×2	Répétez les actions décrites le nombre de fois indiqué.
	Le calendrier montre combien de jours, de semaines, de mois une activité nécessite.		Ventiler la pièce avant de vous lancer dans une activité malodorante…
	Le thermomètre indique quelle température nécessite une action donnée.	*	Suivre le symbole * afin de mieux comprendre le pourquoi du comment d'une étape.

NOTE AUX LECTEURS Les activités décrites dans cet ouvrage requièrent que vous vous assuriez en permanence de votre sécurité et de celle de votre enfant. Gardez présents à l'esprit les points suivants :

• Pendant et après sa grossesse, la maman doit consulter un médecin avant toute activité qui demande un effort physique. Soyez toujours conscient de ses limites et évitez-lui les situations stressantes.

• Ne quittez jamais votre enfant des yeux, même pour un instant. Soyez particulièrement vigilant pendant les activités qui requièrent de l'eau, à cause du risque de noyade.

• Ne laissez pas de petits objets, comme des pièces de monnaie ou des bonbons, à portée de bébé. Tout objet mesurant moins de 4,5 cm, même une balle en latex ou un morceau de papier peut être dangereux. Voilà un bon truc pour faire le tri : si un objet passe dans un rouleau de papier toilette, il est à éviter !

• Bannissez toute corde de plus de 18 cm de long. Pour éviter tout danger d'étranglement, ne laissez jamais bébé jouer avec des cordes ou des rubans.

• Avant de vous essayer à une activité, vérifiez qu'elle est compatible avec le stade de développement de votre enfant. Utilisez des matériaux non toxiques et qui ont obtenu les labels pour usage infantile.

• Découvrez, exercice n°30, les astuces pour sécuriser votre maison ; par exemple, enlevez les mobiles de berceau dès que votre bébé peut se soulever sur ses bras et ses jambes.

Toutes les informations contenues dans ce livre ont été soigneusement collectées et testées. L'éditeur décline toute responsabilité, implicite comme explicite, quant à savoir si ces informations sont appropriées pour tous les types de lecteurs. Il ne saurait également être tenu responsable de toute erreur ou omission. Le lecteur assume les risques et la responsabilité de toutes ses actions. Bref, vous serez responsable de vos gestes. Ceci dit, vous ne risquerez pas grand-chose en inventant un conte de fées (n°153) !

Difficile d'imaginer qu'un œuf fécondé pas plus gros qu'une tête d'épingle vous empruntera un jour vos clés de voiture ! C'est une aventure qui a débuté il y a longtemps, quand 300 millions de spermatozoïdes se sont transformés en concurrents féroces dans une superproduction : *Le Survivant et la Trompe de Fallope*. Les préparatifs sont la clé de la réussite : pour la future maman, cela implique des visites chez le médecin, des prises de vitamines, et une surveillance de son cycle menstruel. Le futur papa, lui, a la chance d'avoir pour corvée principale sur sa liste personnelle de concevoir un enfant, ce qui est quand même l'activité la plus agréable qui soit dans la vie d'un homme. Mais ne pensez pas qu'obtenir un succès de ce côté-là vous dispensera de tout effort jusqu'à la naissance de votre enfant. Un père, c'est bien connu, vient au monde neuf mois avant son enfant. Son travail commence dès que le test de grossesse est positif.

se préparer

1 savoir qu'on est prêt

60 présenter bébé à son animal domestique

Vous adorez passer du temps avec les enfants des autres.

Vos finances personnelles sont équilibrées.

Vous traitez vos animaux comme des enfants.

Vous bénéficiez d'une assistance proche.

Vous cherchez des prénoms.

Vous trouvez les femmes enceintes sexy.

Elle fait de constantes allusions.

Prenez soin de votre santé.

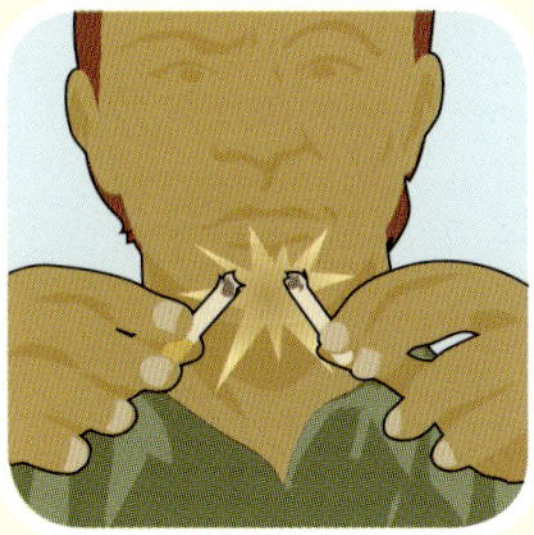

Abandonnez tous vos vices.

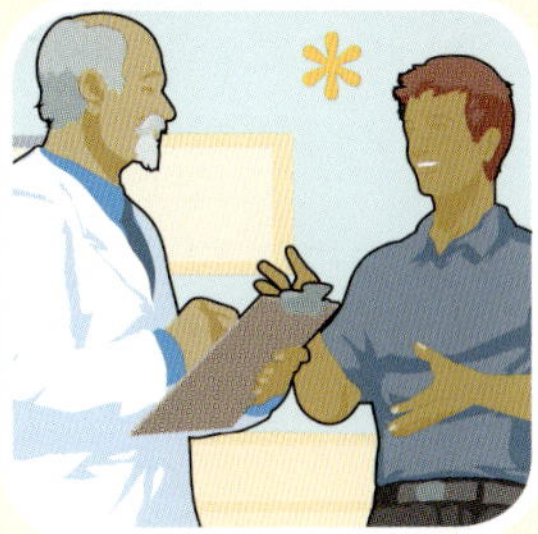

Discutez-en avec le médecin.*

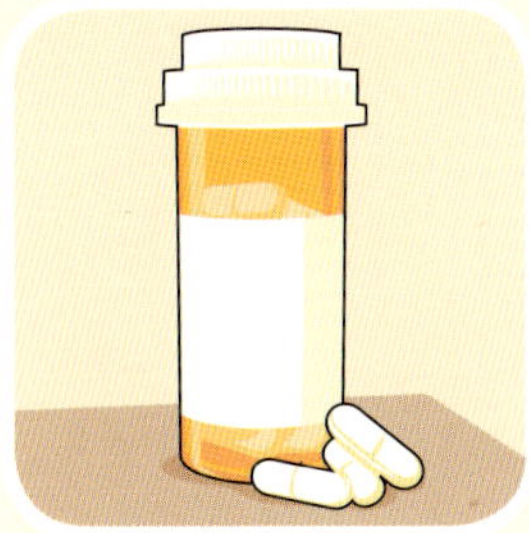

Passez en revue vos prescriptions.

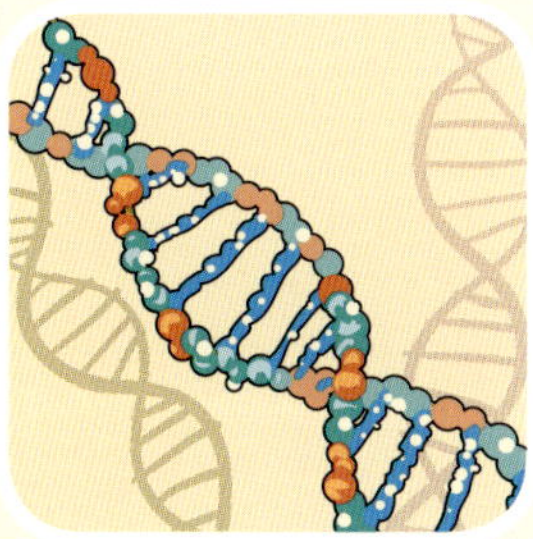

Faites une recherche génétique.

Restez cool.

Évitez les mauvaises influences.

Pratiquez.

* Une bonne idée : faites un checkup et parlez-en à votre médecin.

3 en position pour concevoir

Augmentez vos chances de succès en choisissant les positions qui offrent une pénétration profonde et rapprochent le sperme du col de l'utérus.

Vive la position du missionnaire.

Passez derrière elle.

La cuillère.

Restez au-dessus d'elle.

Évitez les positions debout.

4 essayer d'avoir un garçon

Offrez-lui du potassium.

Prenez un café avant de faire l'amour.

Prenez-la par derrière.

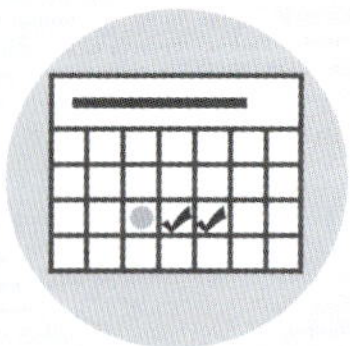
Faites l'amour en période post-ovulation.

Le spermatozoïde masculin va plus vite et meurt plus rapidement que le féminin. Donc si vous voulez un garçon, ajustez vos ébats amoureux pour que vos chromosomes Y de course aient toutes les chances d'arriver en premier à l'ovule !

5 essayer d'avoir une fille

Offrez-lui du magnésium.

Prenez un bain chaud avant l'amour.

Préférez la position du missionnaire.

Faites l'amour en période pré-ovulation.

Le spermatozoïde porteur du chromosome X voyage plus lentement vers l'ovule et reste vivant plus longtemps que celui du chromosome Y.
Si vous souhaitez une fille, pratiquez des positions qui favorisent ces spermatozoïdes un peu lents, mais très stables.

6 comprendre la conception

Comment fait-on des bébés, déjà ? Une fois par mois, pendant l'ovulation, un œuf est lâché par l'ovaire de votre femme. Si cet œuf est fécondé pendant son parcours vers l'utérus, il s'y implantera et grandira. Sans ça, il sera expulsé pendant les règles.

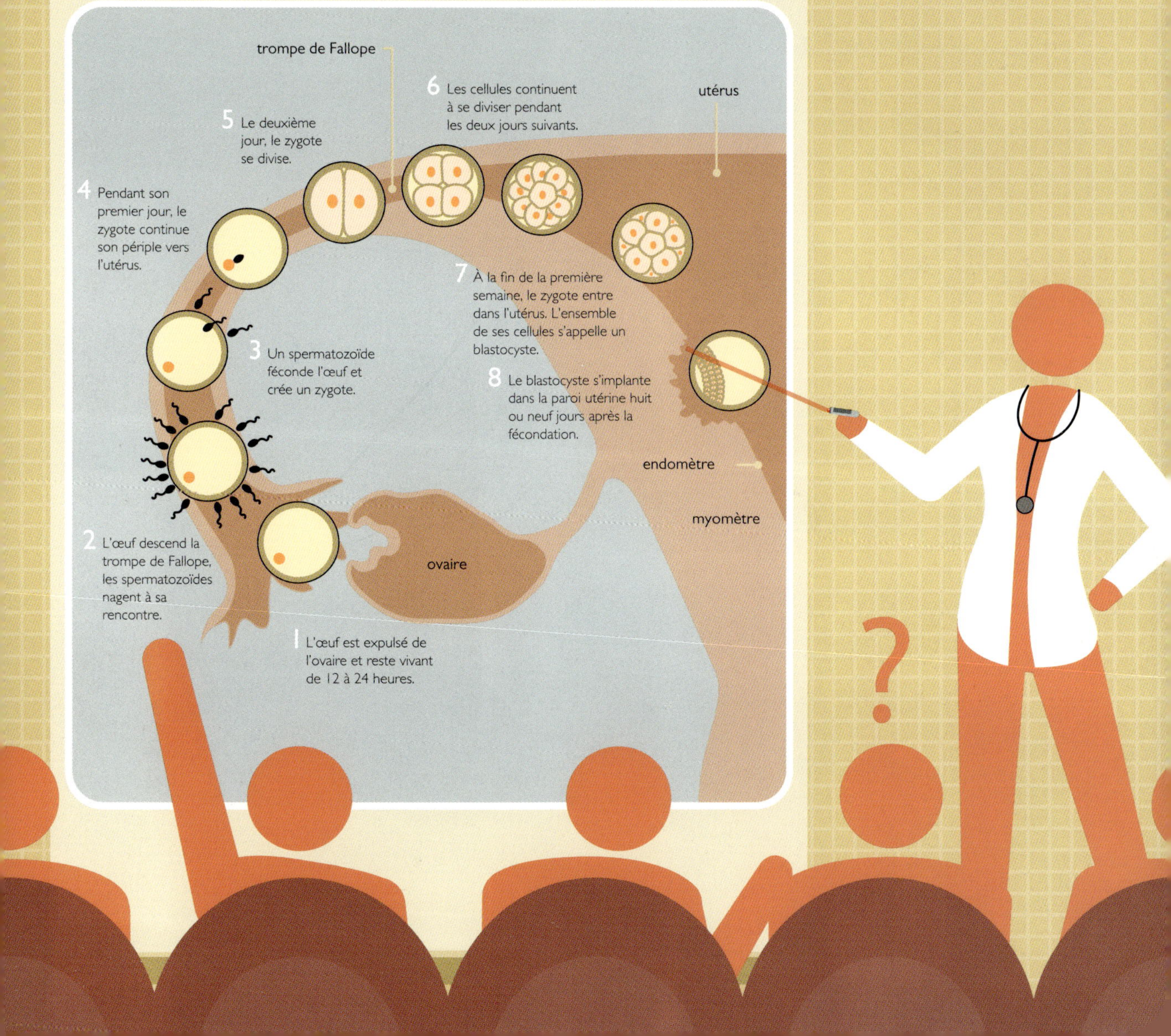

7 reconnaître les signes de grossesse

Elle peut ne pas être encore au courant, mais son corps envoie des signaux. Les signes suivants peuvent indiquer qu'un bébé est en gestation !

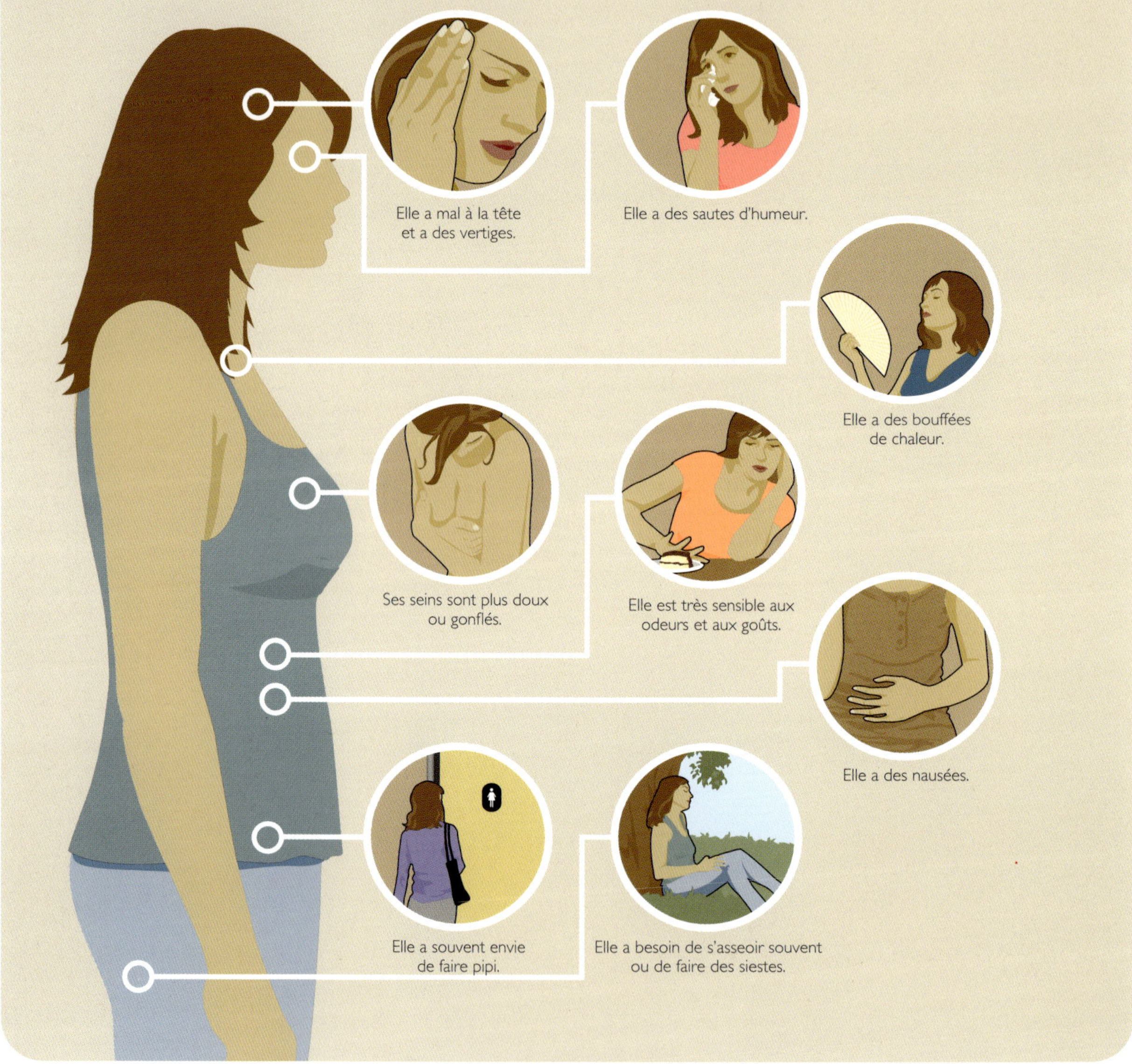

Quand vous allez recevoir la bonne nouvelle, pensez à ces trucs pratiques pour vivre le moment avec classe.

Prenez une profonde respiration.

Embrassez-la.

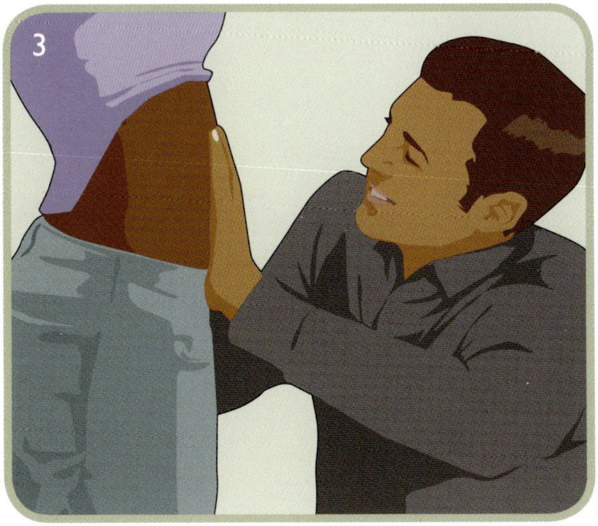

Faites connaissance.

Fêtez ça ensemble.

9 survivre à la couvade

Vous aussi vous vous sentez enceint ? Rassurez-vous, il est assez fréquent de ressentir cela. La couvade permet au futur père d'expérimenter lui aussi la grossesse.

Surveillez vos sautes d'humeur subites.

Attendez-vous à passer quelques nuits blanches.

Attention à la nausée du matin.

107 retrouver la forme n'importe où

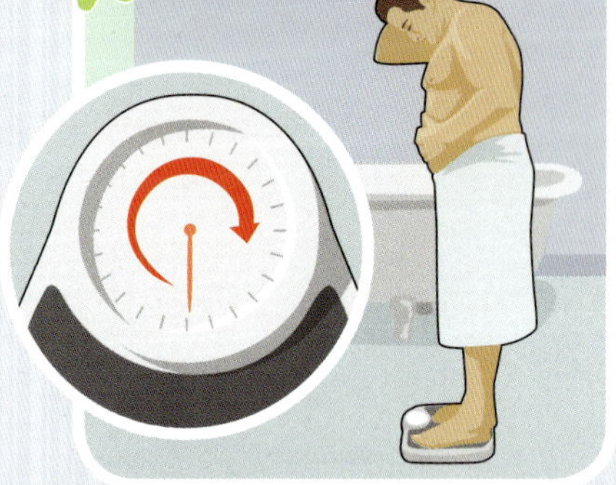

Moquez-vous de votre excès de poids.

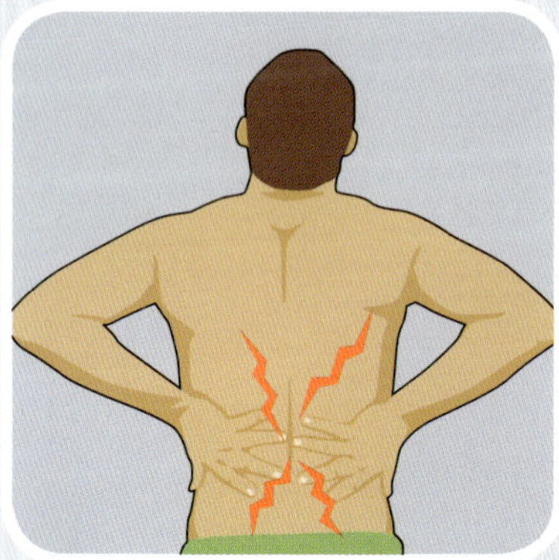

Soyez prêt à avoir mal au dos.

Reprenez-vous pendant les moments de stress.

La paternité augmente l'activité de certaines régions du cerveau. En voici quelques-unes qui risquent de vous faire faire des heures supplémentaires de questionnement paternel.

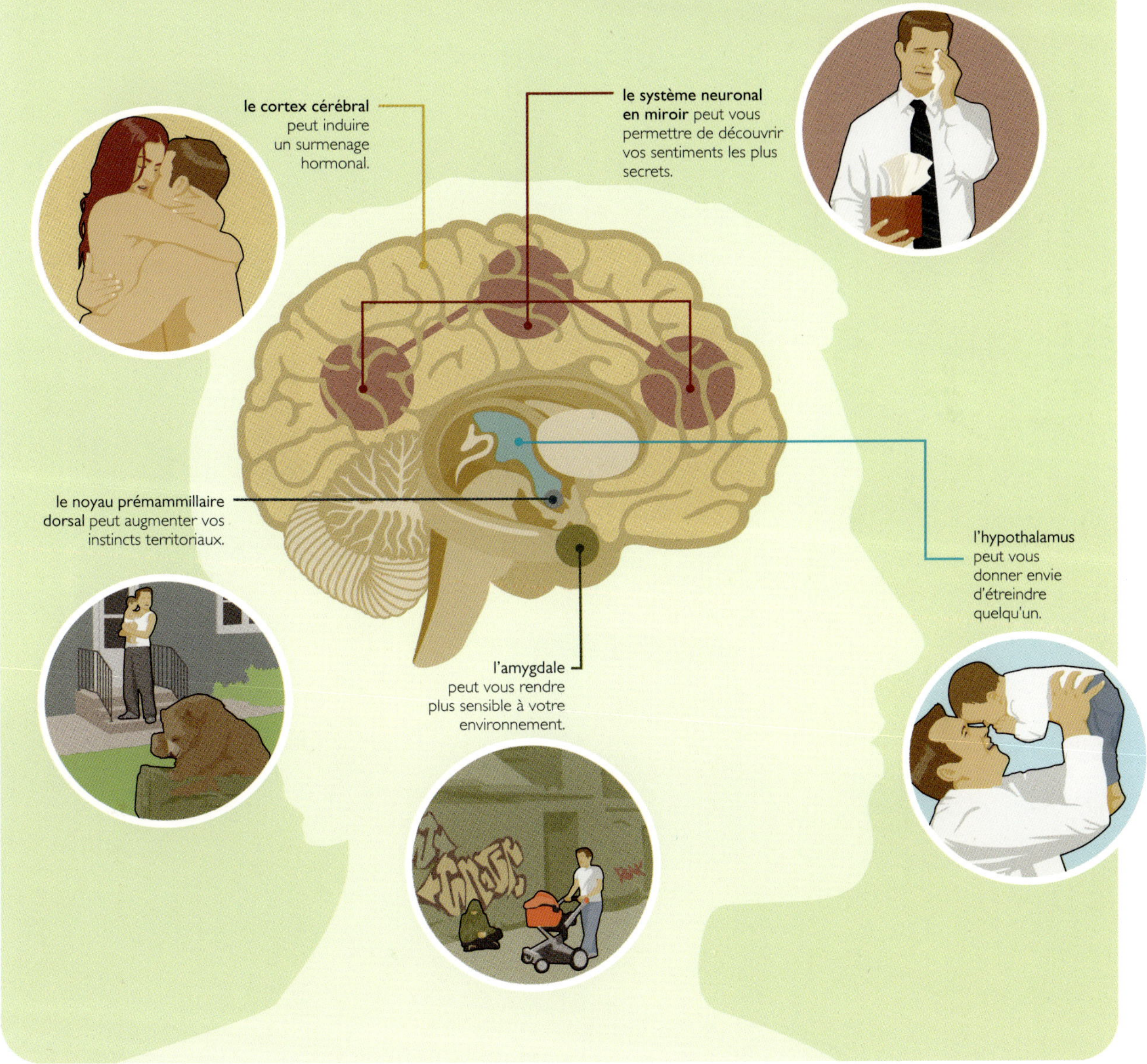

11 être un top papa

Faites un grand ménage.

Nettoyez la litière.

Aidez plus à la maison.

59 faire des visites courtes et tendres

Gérez les visites.

Occupez-vous des urgences.

Soyez hypersensible.

12 prévoir ses transformations physiques

Ses cheveux vont épaissir.

Sa vision peut changer.

Ses sens seront plus fins.

Ses gencives seront plus sensibles.

Ses seins seront superbes.

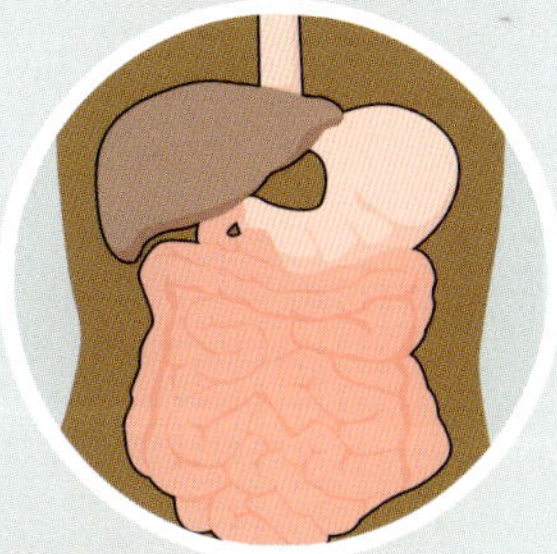

Ses brûlures d'estomac peuvent augmenter.

Elle peut devenir plus coquine.

Ses pieds peuvent gonfler.

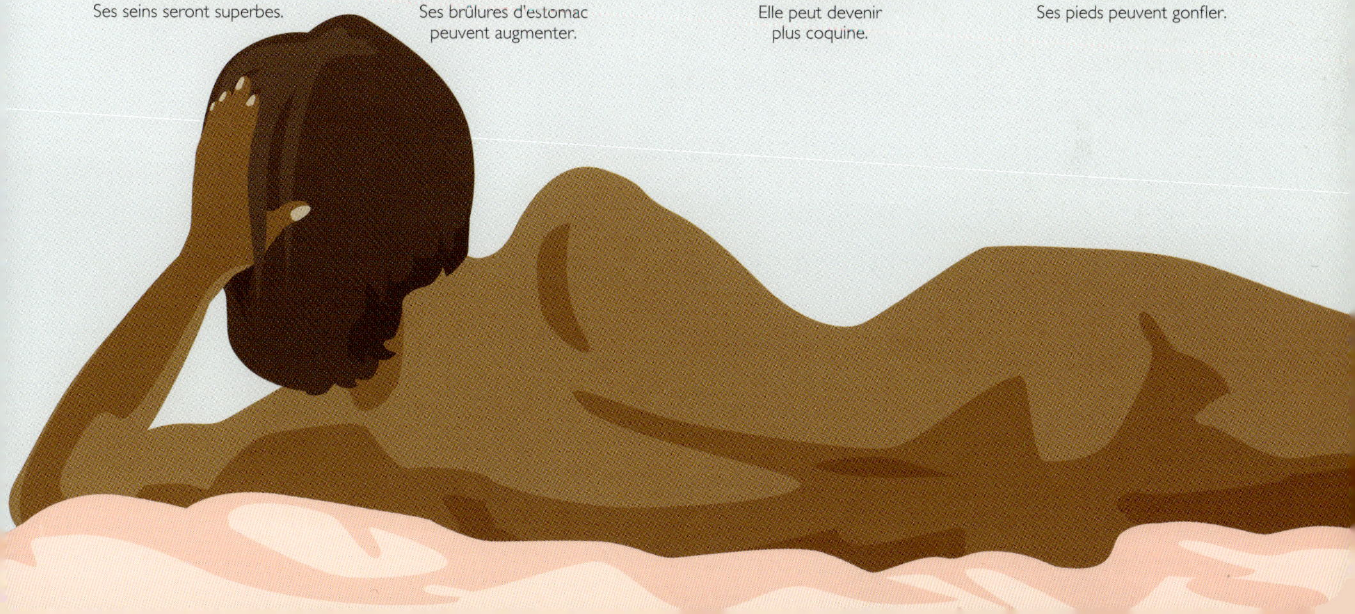

13 lire une échographie

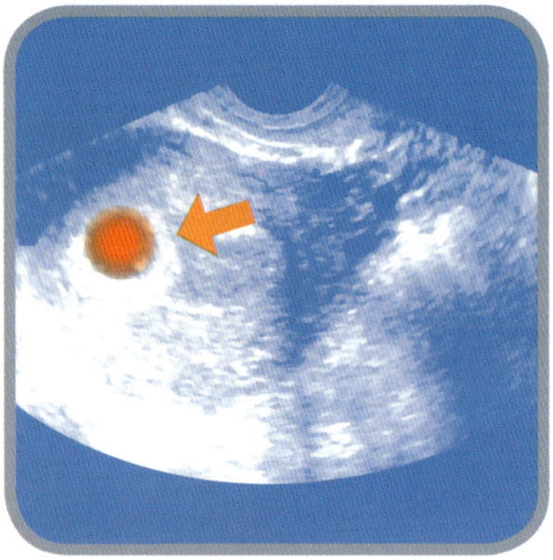

Localisez le fœtus.

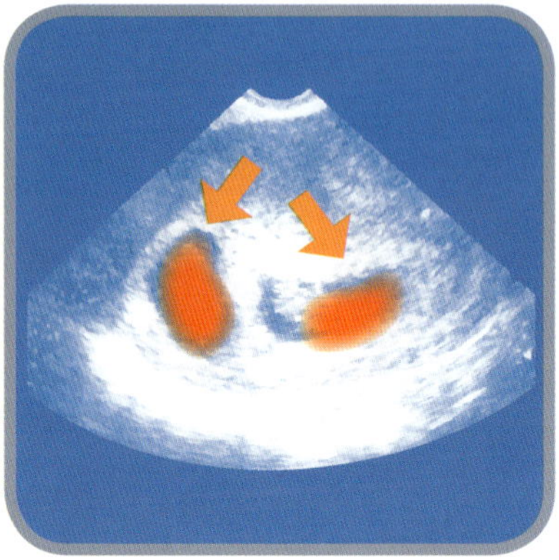

Découvrez si vous avez des jumeaux.

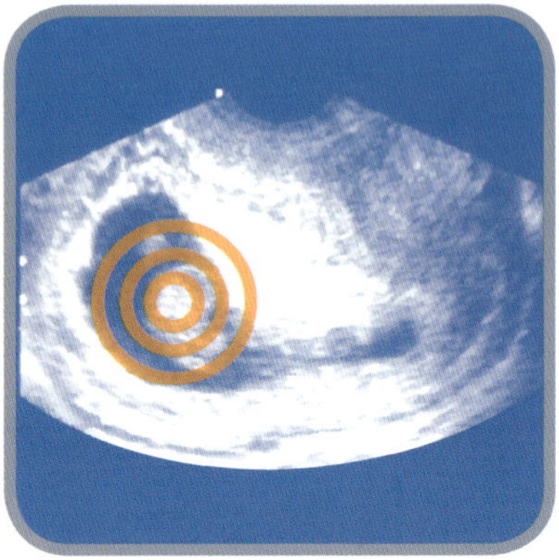

Détectez les battements de son cœur.

14 suivre le développement du bébé

En neuf mois, votre bébé va passer de la taille d'une minuscule graine à celle d'un ballon de football américain. Peu à peu, il va développer ses organes vitaux et toutes ses fonctions supplémentaires, comme les ongles de ses orteils et ses embryons de dents.

semaines 3-4

Les organes commencent à se développer.

graine de pavot
0.2 cm
0.3 g

semaine 7

Les mains et les pieds apparaissent.

dé
1.5 cm
1 g

semaine 11

Les organes fonctionnent ; les embryons des dents apparaissent.

balle de golf
4.1 cm
8.5 g

semaine 13

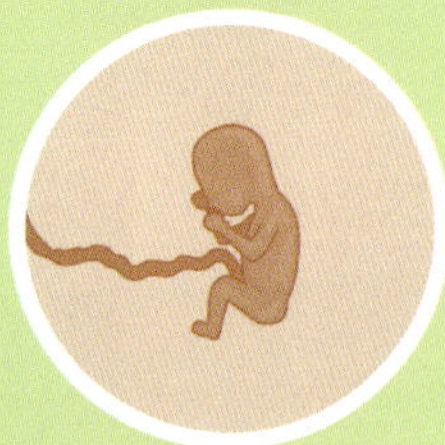

Les empreintes digitales se forment.

petit hamburger
7.6 cm
23 g

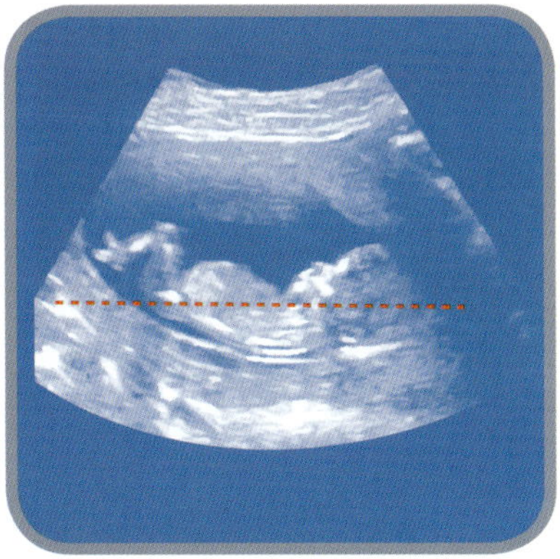

Déterminez l'âge du fœtus.

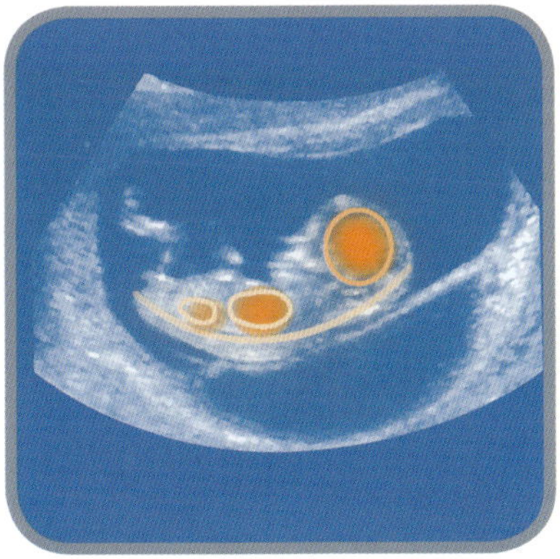

Vérifiez le développement des organes.

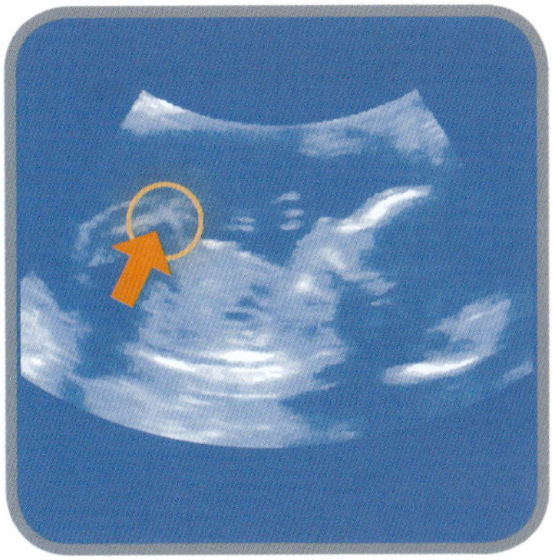

Regardez le sexe.

semaine 15

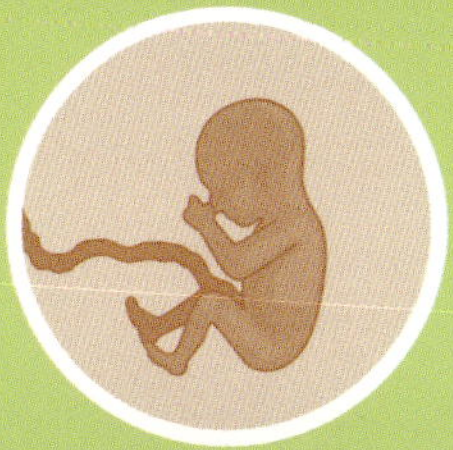

Il suce son pouce, formation des papilles gustatives.

beignet
10.2 cm
76.5 g

semaine 17

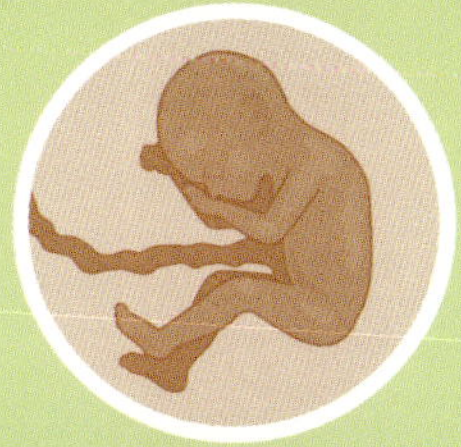

Les expressions du visage apparaissent, les ongles aussi.

figurine
13 cm
139 g

semaine 19

Les sens se développent, les cheveux poussent.

cannette de bière
15.2 cm
241 g

semaine 22

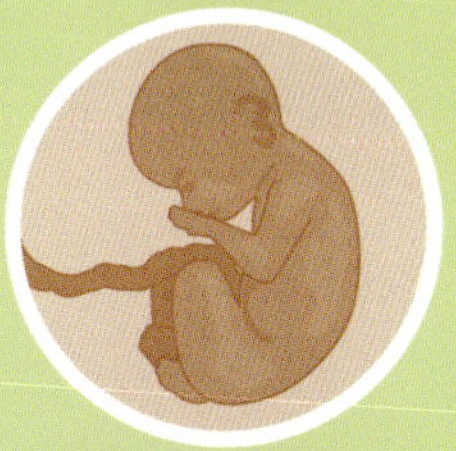

Répond aux stimuli extérieurs, les paupières se forment.

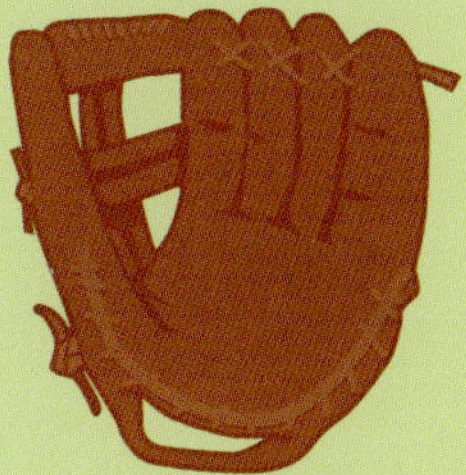

gant de baseball
27.9 cm
431 g

semaine 36

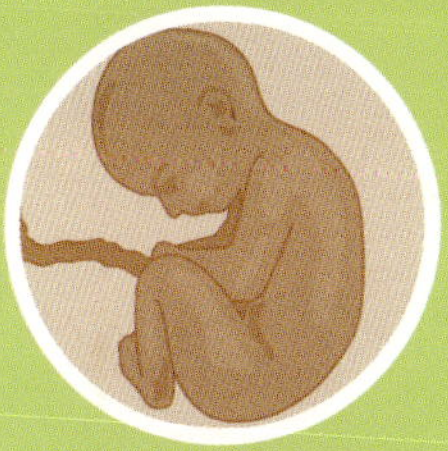

La graisse se développe ; les poumons sont prêts à respirer.

ballon de football américain
47.5 cm
2.6 kg

15 planifier à 40 semaines

40 semaines peuvent sembler longues, mais ces 9 mois vont passer à toute allure. Réglez un maximum de détails dès maintenant. Vous aurez ainsi plus de temps pour votre bébé quand il naîtra.

semaines 1–4	semaines 5–8	semaines 9–12	semaines 13–16	semaines 17–20
Faites l'amour.	Obtenez les résultats.	Prenez rendez-vous pour les visites prénatales.	Annoncez la nouvelle aux amis et à la famille.	Mettez à jour vos comptes. Prenez une assurance-vie.
Faites encore l'amour.	Déterminez la date d'accouchement.	Annoncez la nouvelle à votre cercle d'intimes.	Admirez ses formes.	Trouvez des cours d'accouchement sans douleur.
Faites toujours l'amour.	Prenez un rendez-vous avec le médecin.	Achetez des livres sur la grossesse et les soins des bébés.	Commencez une liste de prénoms.	Faites écouter votre morceau de musique préféré au bébé.
Et encore !	Choisissez votre obstétricien ou sage-femme.	Faites du rangement.	Rencontrez d'autres futurs papas.	Achetez un berceau ou une poussette.

semaines 21–24	semaines 25–28	semaines 29–32	semaines 33–36	semaines 37–40
Enregistrez-vous à l'hôpital ou à la maternité.	Choisissez un pédiatre.	Visitez l'hôpital ou la maternité.	Préparez vos collègues à votre absence.	Étudiez le meilleur itinéraire pour l'hôpital.
Envisagez un coach pour l'accouchement.	Décorez et organisez la chambre de bébé.	Enregistrez les numéros de téléphone indispensables.	Aidez la maman à faire sa valise pour la maternité.	Rattrapez votre retard de sommeil.
Suivez un cours de premiers soins.	Instruisez-vous sur les soins à donner au bébé.	Renseignez-vous sur le déroulement de l'accouchement.	Achetez et installez un siège bébé dans la voiture.	Préparez les objets essentiels pour la venue du bébé.
Décidez-vous sur une éventuelle circoncision.	Renseignez-vous sur les différentes gardes.	Organisez uen fête pré-natale.	Planifiez le soin de vos animaux domestiques.	Adoptez une attitude zen

16 devenir un pro du supermarché

Collectionnez les points bonus quand vous faites le bon choix au rayon épicerie. Faites attention aux aliments interdits aux femmes enceintes. Montrez-lui votre solidarité en sélectionnant ce que vous rapportez à la maison.

Attention : les envies compulsives d'une future maman peuvent être plus violentes qu'un match de boxe ! Voilà quelques alternatives plus saines à lui proposer. Mais n'en faites pas une maladie si elle ne les accepte pas !

bretzels

pop-corn aux fines herbes

champagne

cidre bouché

glace

yaourt glacé

soda avec caféine

tonique aromatisé

chocolat

crème au chocolat

sushis

sushis aux légumes

bonbons

fruits secs

brie

fromage blanc

18 passer du temps en tête à tête

Avant la naissance du bébé, sachez savourer les moments à deux. Ils sont comptés, alors profitez-en pleinement.

Bougez ensemble.

Offrez-vous des bons repas.

Savourez votre sommeil.

Baignez dans la détente.

Supportez votre équipe préférée.

Pariez aux courses.

Gagnez le gros lot à la fête foraine.

Faites-vous une toile.

Oubliez la plongée sous-marine.

Oubliez l'équitation.

Oubliez les montagnes russes.

Oubliez les visites au zoo.

limonade
jus de citron vert
grenadine
1 Mettre de la glace
2 Verser
3 Secouer
4 Servir

20 voyager en amoureux

Partez avant la 36e semaine.

Laissez-lui le siège côté couloir.

Planifiez vos activités.

Jouissez de votre intimité.

21 lui faire couler un bain

Faites couler de l'eau tiède, pas chaude.

Peaufinez l'ambiance.

Ajoutez du bain moussant.

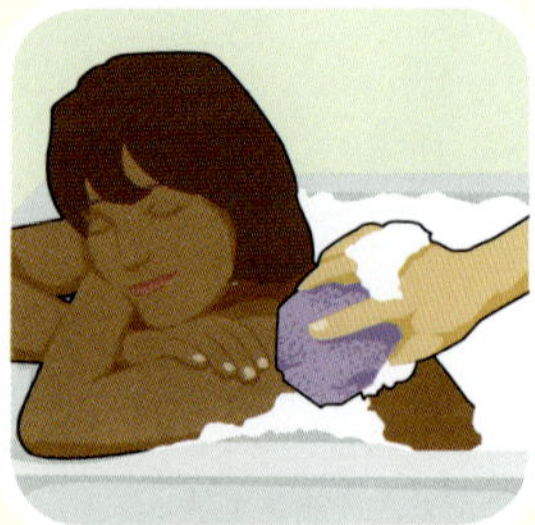

Massez-lui le dos.

22 choisir un aphrodisiaque

Allez faire un tour au marché. Pas besoin d'aller plus loin pour trouver des aliments sains et naturels qui ranimeront sa flamme.

23 faire l'amour pendant la grossesse

La cuillère. En amazone. Évitez les pressions. Jeux de mains.

24 faire une liste de vœux

Utilisez le temps de la grossesse pour réaliser la liste des choses que vous avez toujours rêvé de faire, sans en avoir le temps. Ne perdez pas un instant, rappelez-vous que le jour de l'accouchement est votre deadline.

Courir le marathon.

Faire une virée entre hommes.

Obtenir un nouveau diplôme.

Participer à un championnat de mangeurs.

Aller au casino.

Dormir autant que possible.

Voir un psy.

Écrire ses mémoires de futur papa.

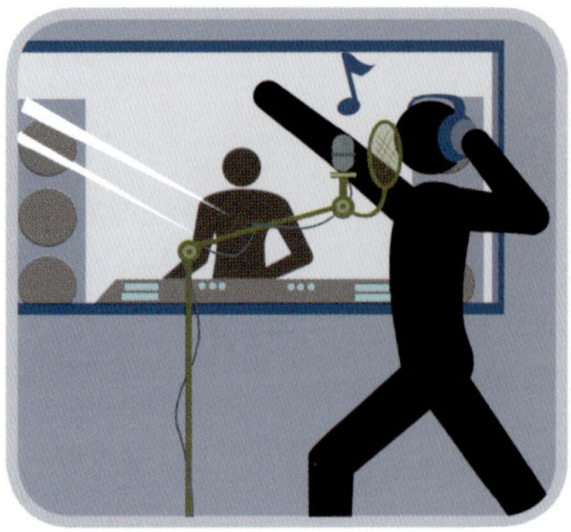

Enregistrer un album solo.

S'essayer au one-man show

Tester une coupe de cheveux branchée.

Pratiquer l'hypnose sur un buffle.

Participer à un rodéo.

Peindre un tableau.

Apprendre le surf.

Pratiquer les arts martiaux.

Réaliser des tours de magie.

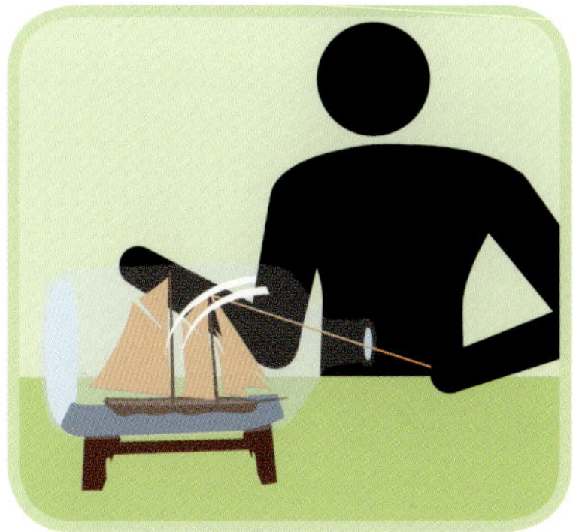
Construire un bateau dans une bouteille.

25 réaliser un pochoir

Nettoyez le mur.

Préparez vos couleurs.

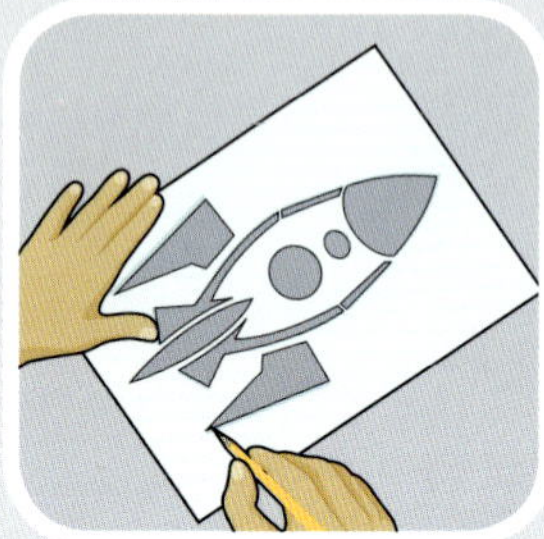

Placez et dessinez les contours du pochoir.

Peignez l'arrière-plan, laissez sécher.

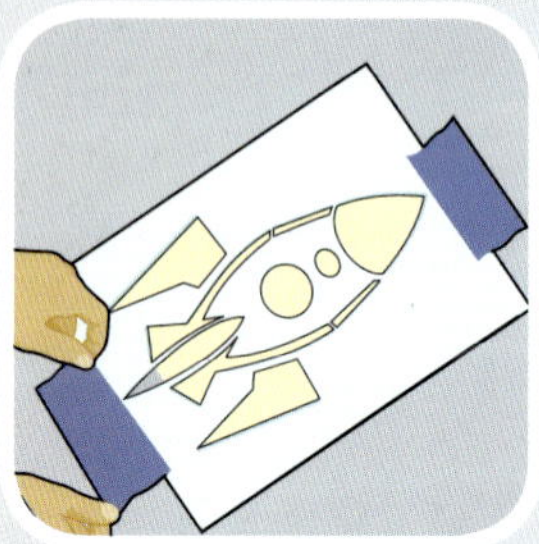

Placez le pochoir.

Tamponnez le pinceau pour enlever le surplus.

Appliquez la peinture.

Enlevez le pochoir et laissez sécher.

Parsemez les murs de cupcakes.

Essayez un motif aquatique.

Décorez avec des dinosaures.

Osez une couronne royale.

Assurez-vous que les barreaux du berceau ne sont pas trop espacés.

Le matelas doit bien appuyer contre les bords du berceau. Prévoyez des draps de la bonne taille. Ne mettez pas de couvertures, de jouets, d'oreillers, de tour de lit dans le berceau.

* Accrochez un mobile à 50 cm au moins hors de la portée du bébé. Enlevez-le dès que le bébé réussit à se mettre à 4 pattes.

27 fabriquer des cubes en bois

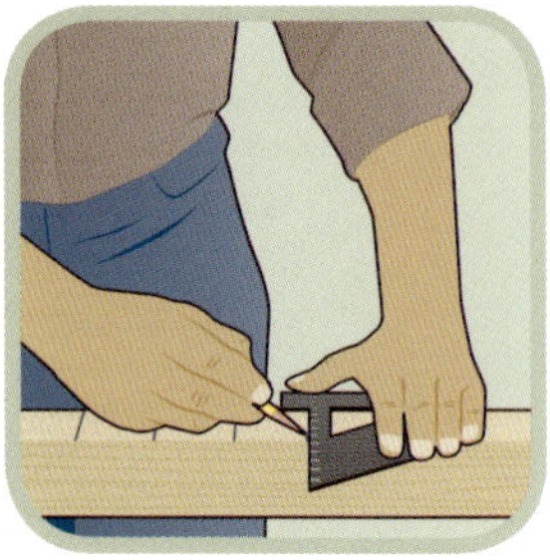

Tracez vos cubes sur un beau morceau de pin.

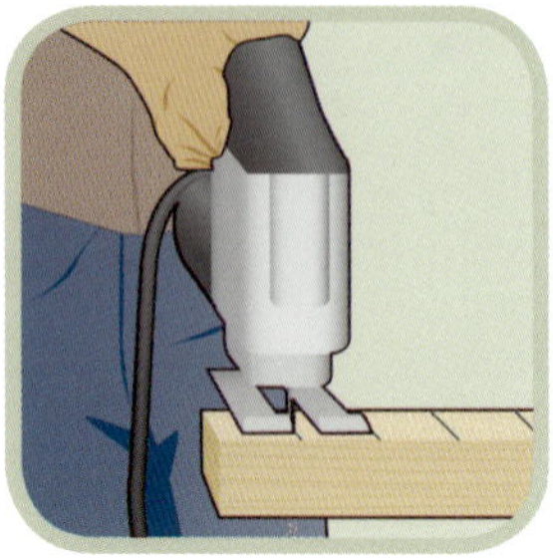

Sciez en suivant les traits.

Poncez le cube.

133 réussir une course d'obstacles

Appliquez des peintures non toxiques.

28 fabriquer un mobile

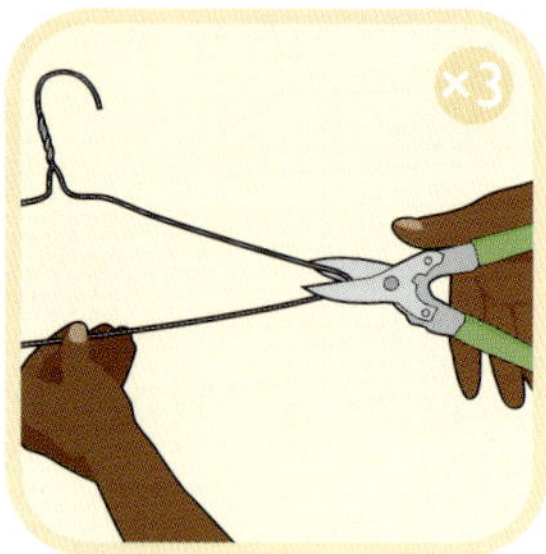

Coupez la barre horizontale du ceintre.

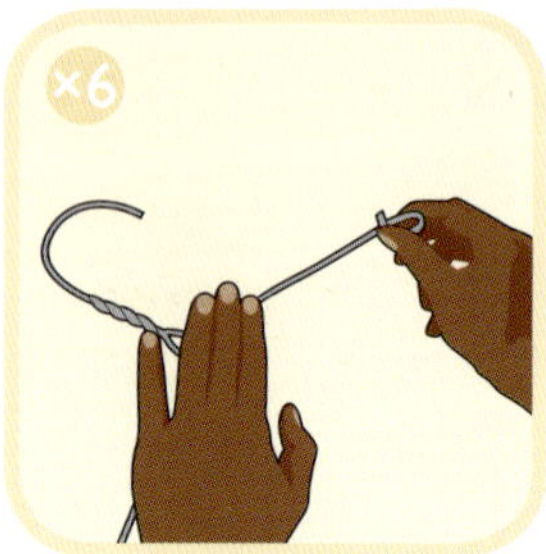

Tordez les bouts.

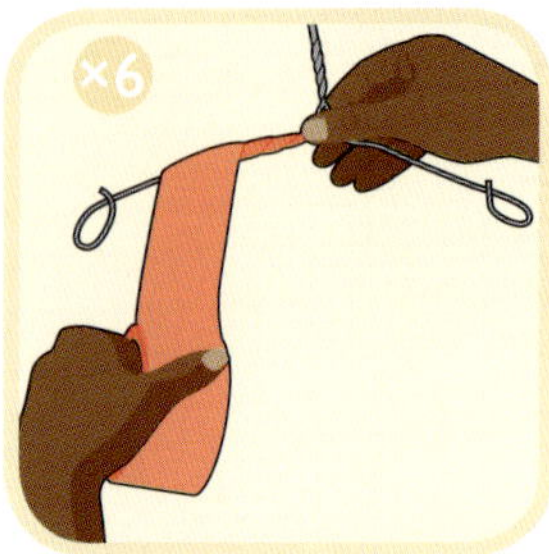

Enrubannez les tiges.

Enrubannez le crochet.

Dessinez des motifs et des formes.

Collez-les sur du carton épais.

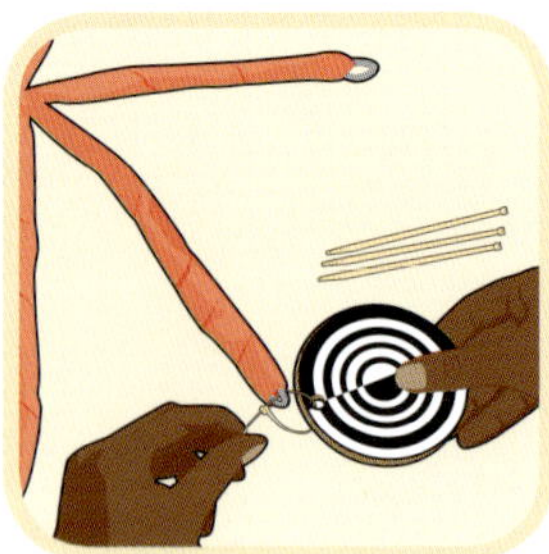

Attachez les éléments avec des fils de Nylon.

Accrochez-le hors de portée de bébé.

29 éclairer la chambre de bébé

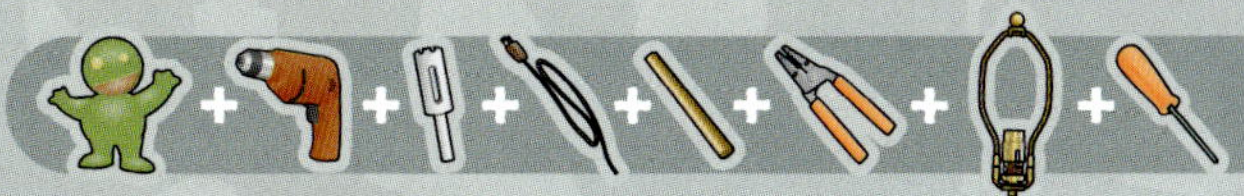

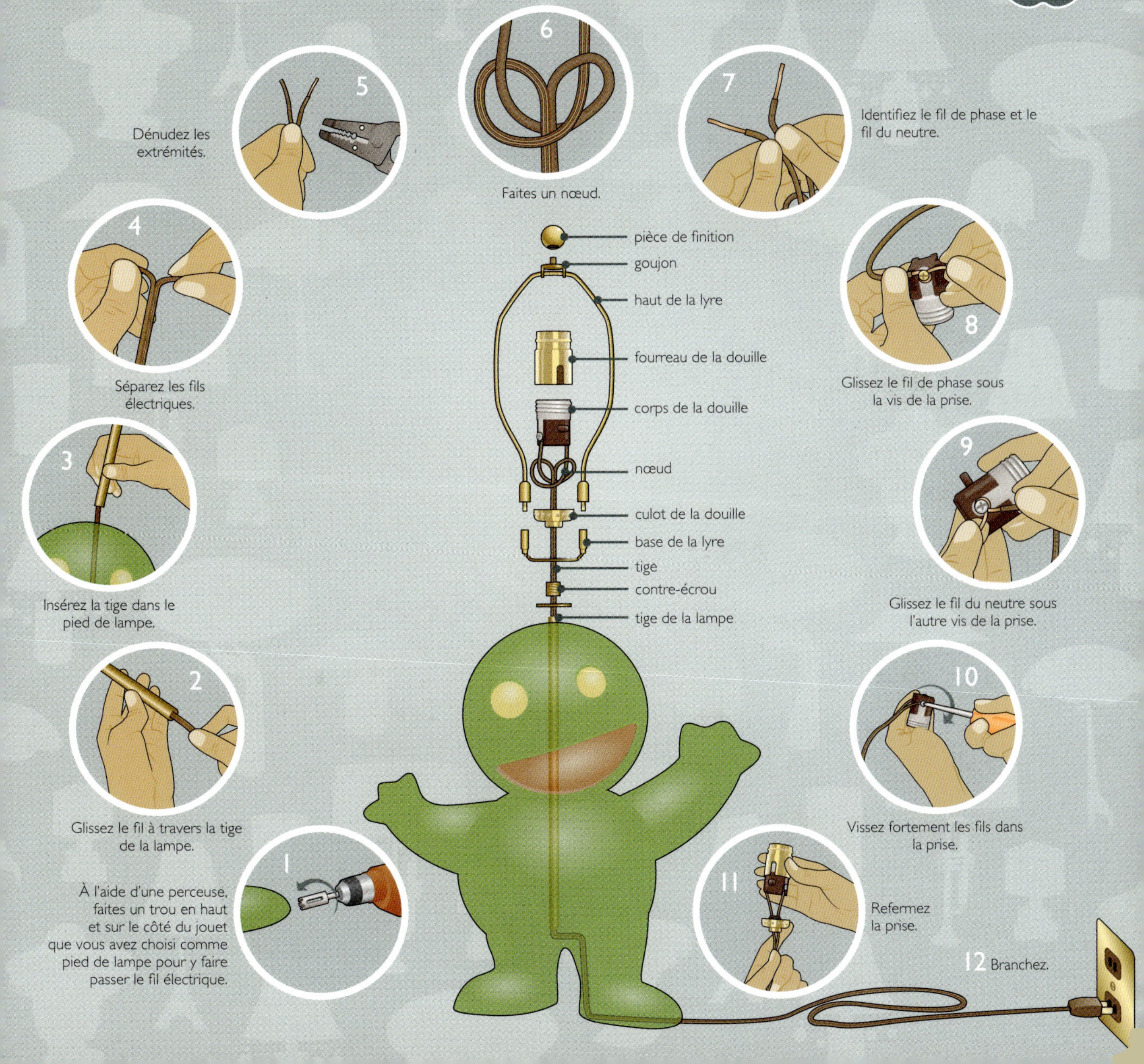

30 sécuriser la maison

La meilleure façon d'assurer la sécurité de votre bébé, c'est de se mettre à sa hauteur. Allongez-vous par terre et rampez pour avoir une vision de bébé des éventuels dangers. Réitérez l'expérience au fur et à mesure que votre bébé grandit et s'autonomise.

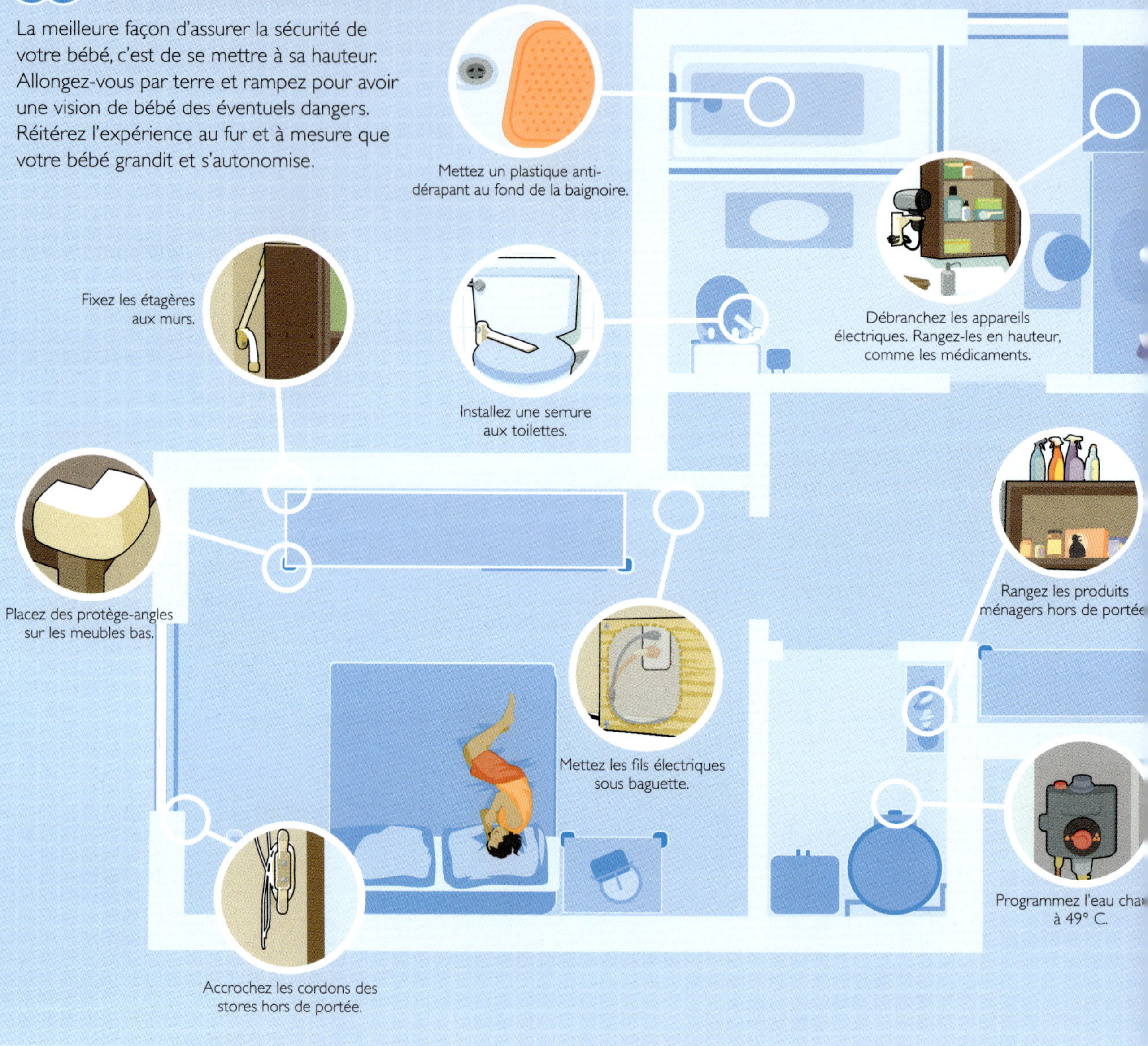

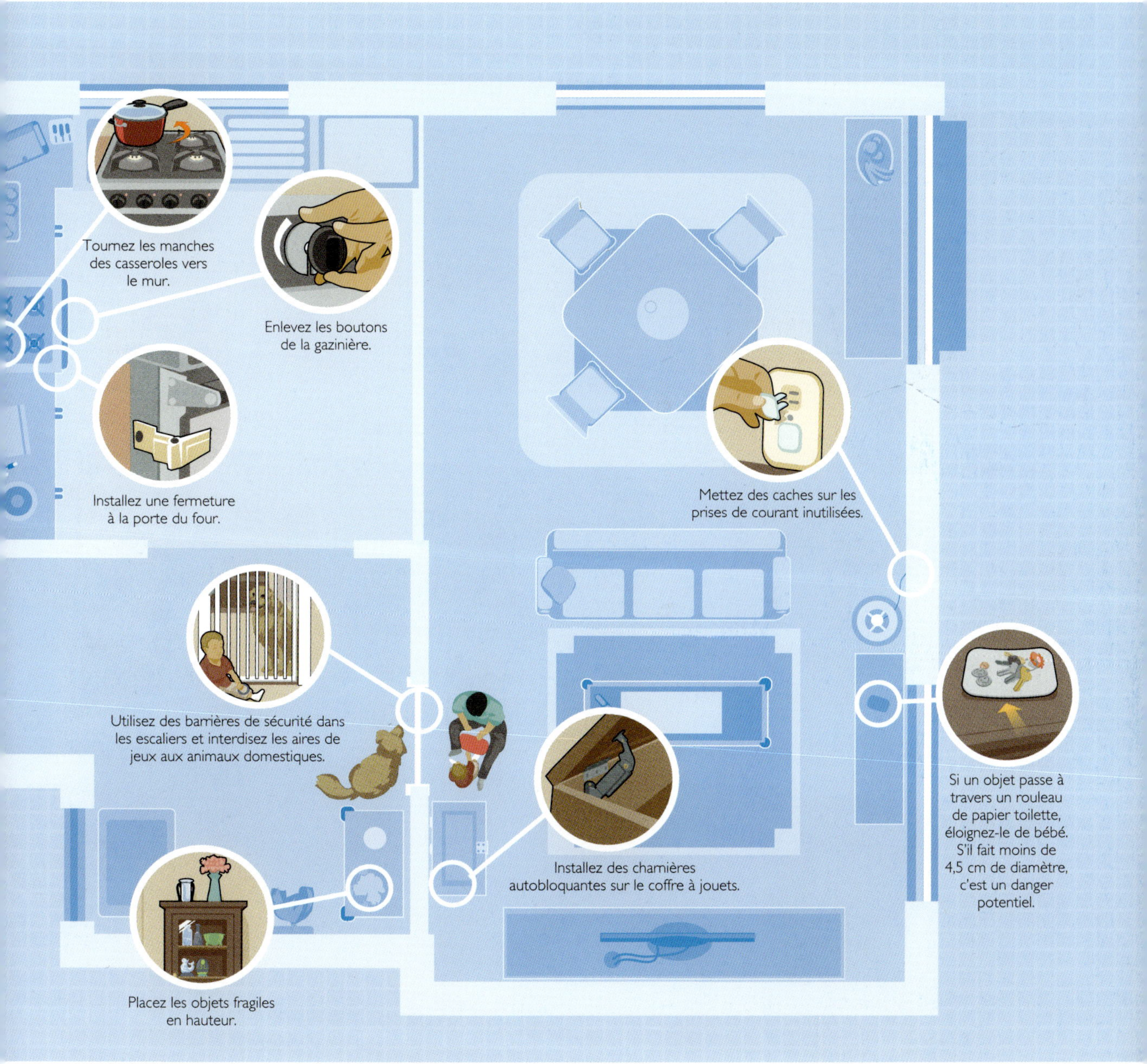

Tournez les manches des casseroles vers le mur.
Enlevez les boutons de la gazinière.
Installez une fermeture à la porte du four.
Mettez des caches sur les prises de courant inutilisées.
Utilisez des barrières de sécurité dans les escaliers et interdisez les aires de jeux aux animaux domestiques.
Installez des charnières autobloquantes sur le coffre à jouets.
Si un objet passe à travers un rouleau de papier toilette, éloignez-le de bébé. S'il fait moins de 4,5 cm de diamètre, c'est un danger potentiel.
Placez les objets fragiles en hauteur.

31 annoncer la nouvelle

Dites-le sur une chope de bière.

Envoyez un signal à travers le ciel.

Portez-le avec fierté.

Marquez-le au fer rouge.

Criez-le sur tous les toits.

Essayez le marketing viral.

Taillez-le dans l'herbe haute.

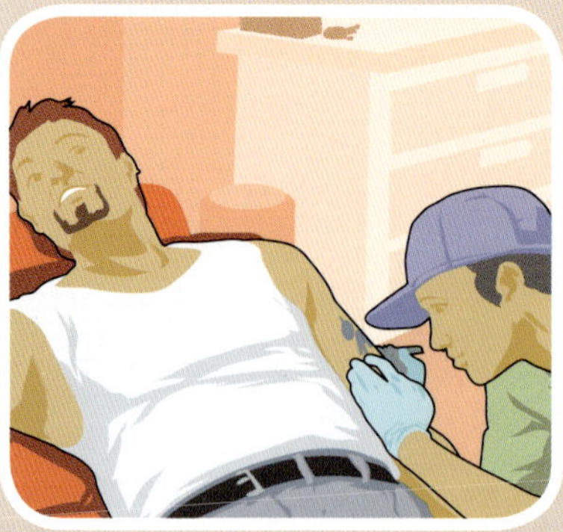
Faites-vous tatouer.

Dites-le en musique.

créer un « bébé blog » 32

La grossesse file, c'est une dévoreuse de temps libre ? Assumez votre mission, celle de donner des nouvelles à vos amis et à votre famille. Un blog est une excellente façon d'informer le reste du monde !

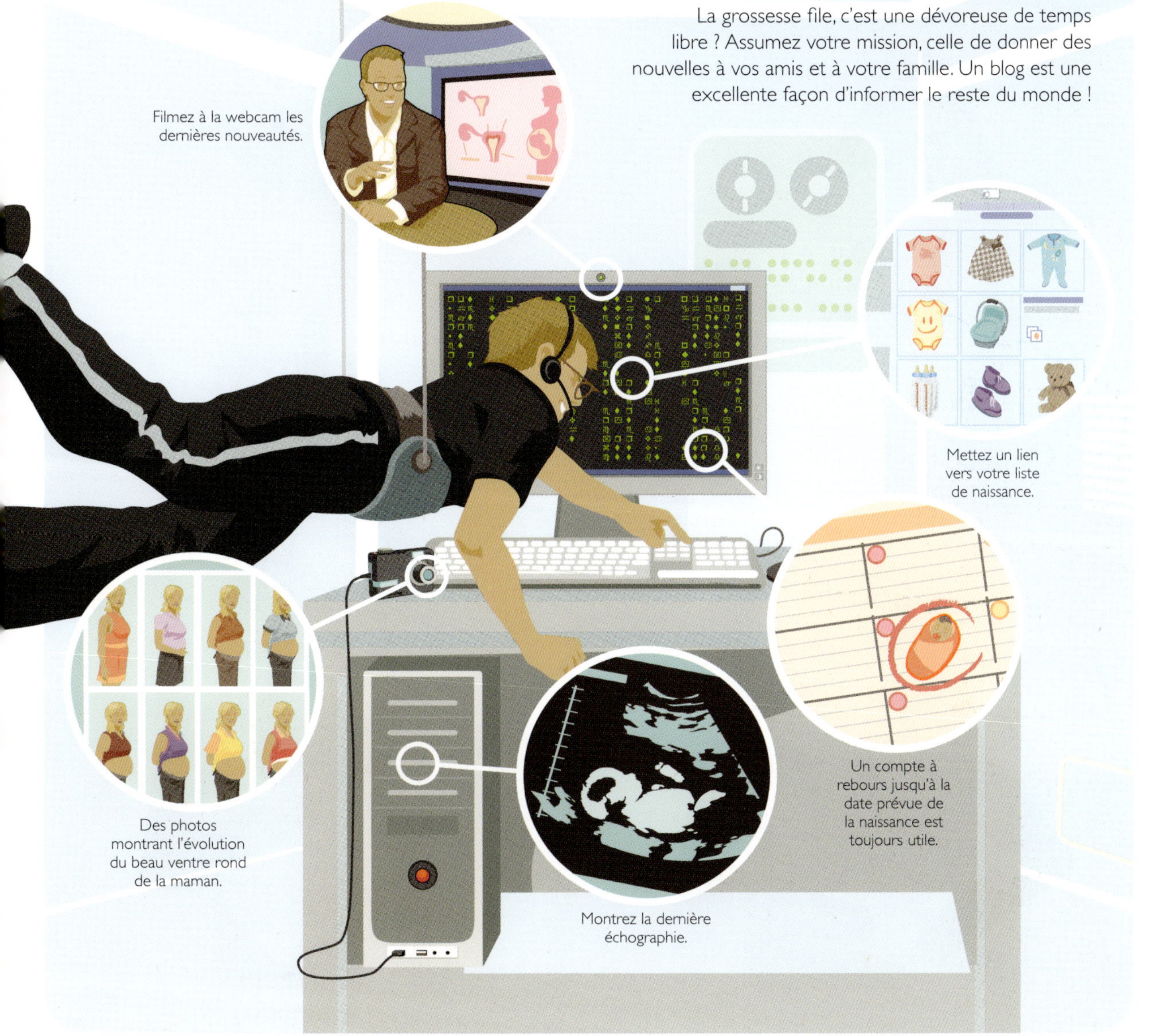

33 choisir une poussette ou un porte-bébé

0 à 12 mois

12 à 24 mois

Sommeil sécurisé

Voyage facilité

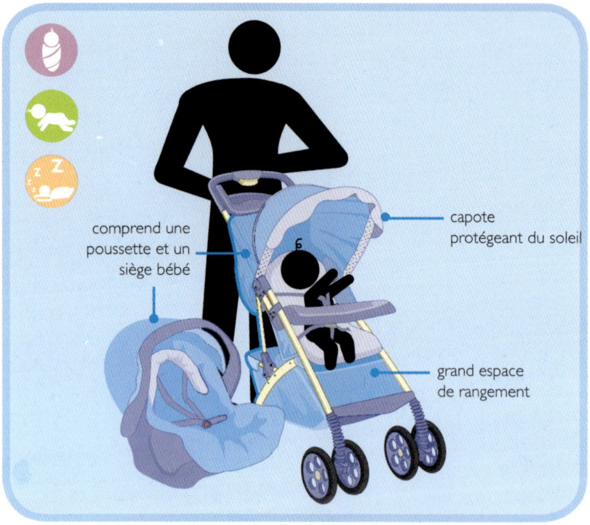

système nomade

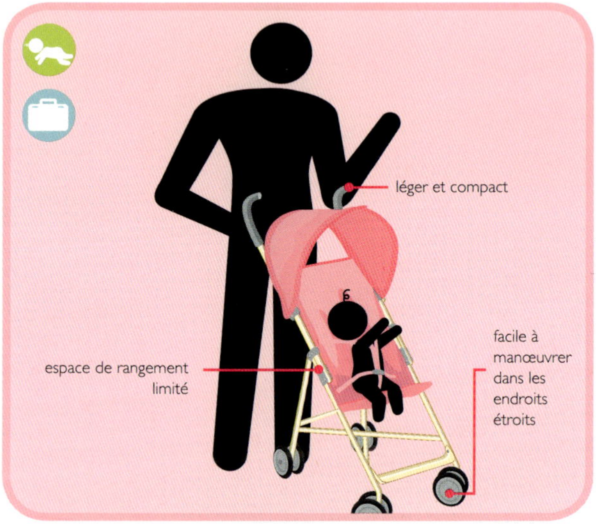

poussette avec pare-soleil

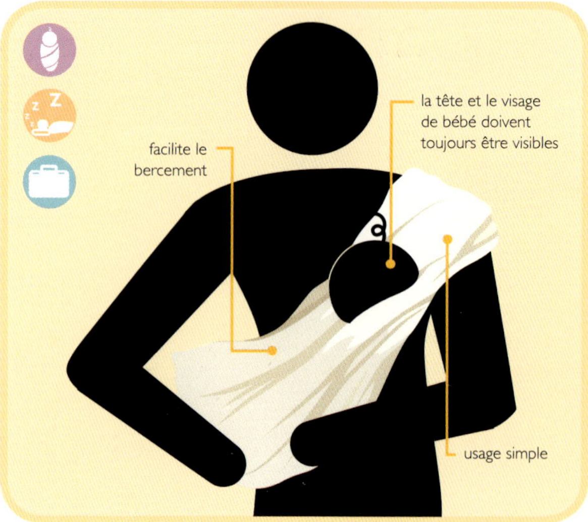

écharpe porte-bébé

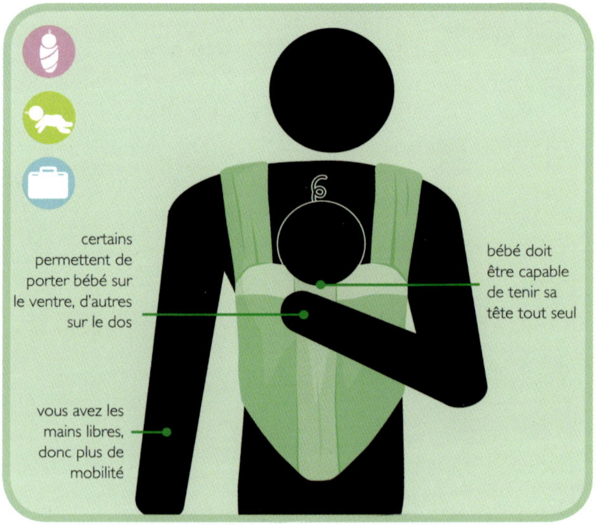

porte-bébé kangourou

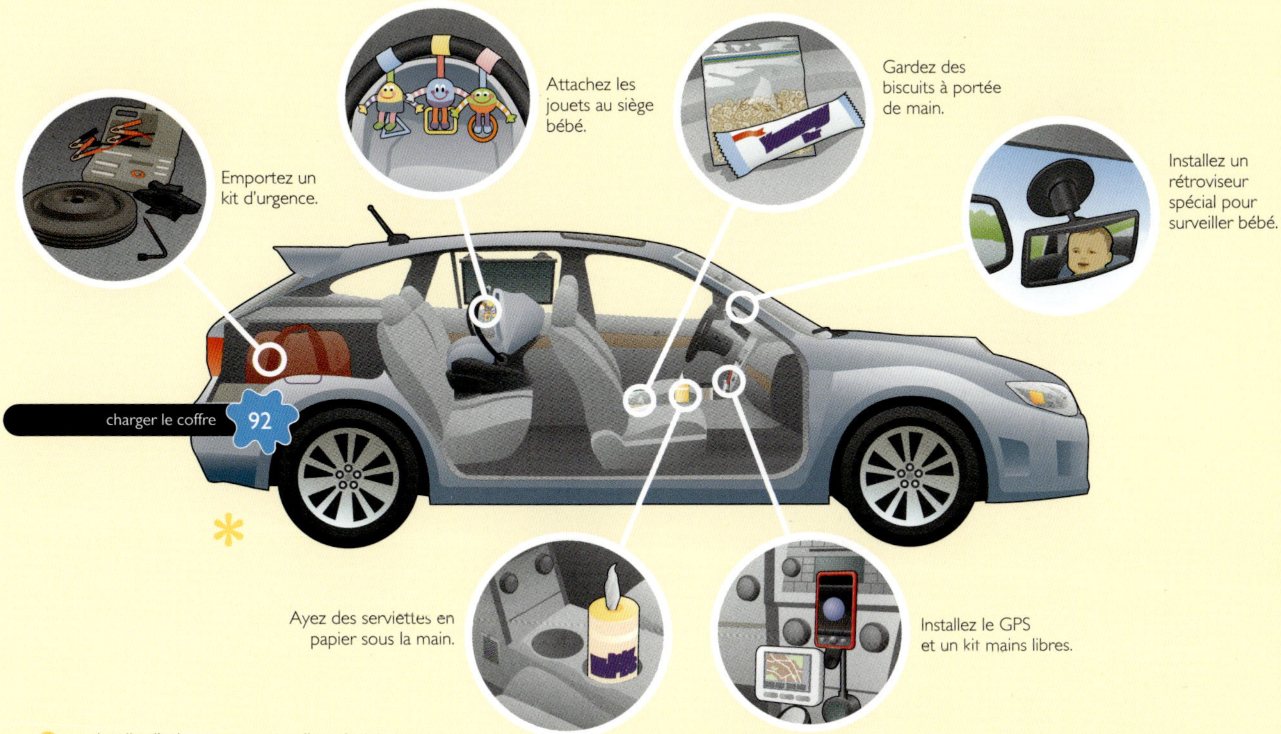

Inutile d'acheter une nouvelle voiture parce que votre famille s'agrandit. Il vous suffit de vous souvenir de quelques trucs malins pour transformer votre voiture en véritable « bébé-mobile ».

monospace

- ✔ Spacieux pour une famille qui grandit.
- ✔ Portes coulissantes pour un accès facile.
- ✔ Oubliez définitivement votre statut de gars super cool.

voiture type 4x4

- ✔ Bonne protection contre les chocs.
- ✔ Inutile de pratiquer les rallyes.
- ✔ Préférez les modèles les plus économes.

berline

- ✔ Bon rapport carburant/kilomètres.
- ✔ Facile à garer.
- ✔ Moins d'espace de rangement.

35 donner un prénom à bébé

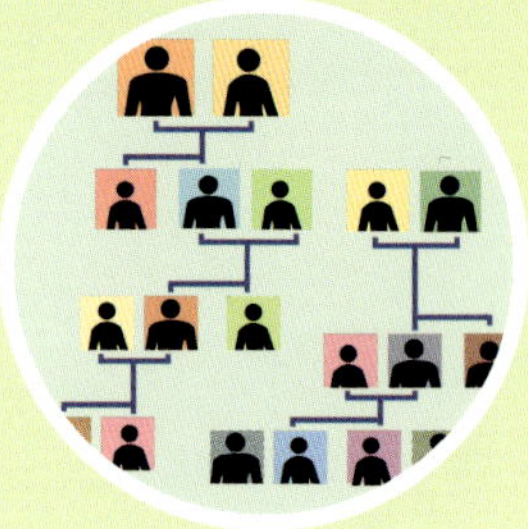

Explorez votre arbre généalogique.

Renseignez-vous sur l'étymologie.

Penchez-vous sur vos origines.

Explorez l'histoire.

* Peu importe où vous trouvez le prénom de votre bébé, ayez soin de le tester avant de l'adopter définitivement. Se marie-t-il bien avec son nom de famille ? Sonne-t-il bien quand vous le dites à voix haute ?

36 choisir un pédiatre

Demandez conseil à vos proches.

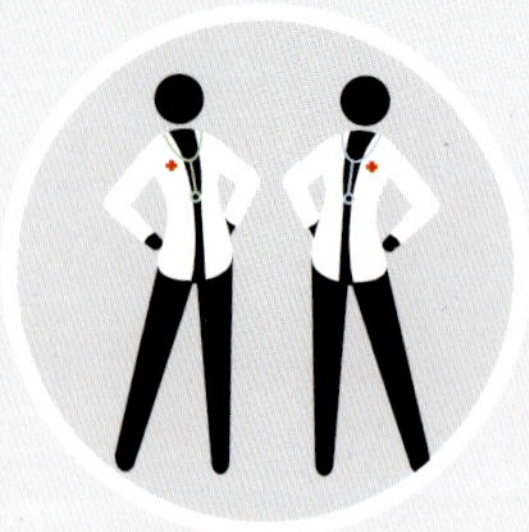

Resserrez vos choix.

Vérifiez votre mutuelle.

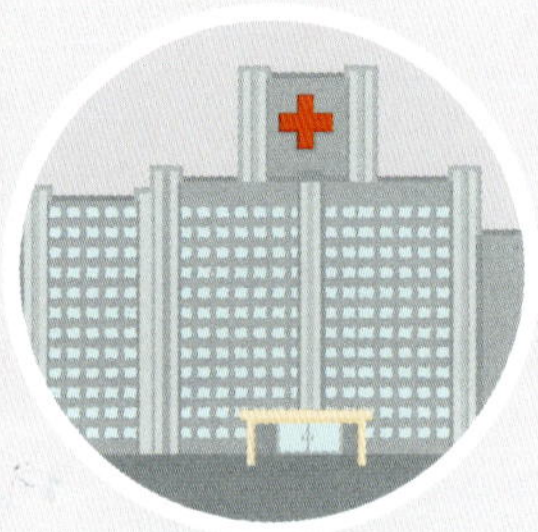

Identifiez les hôpitaux où ils travaillent.

Cherchez l'inspiration dans la nature.

Pensez global.

Fouillez parmi les prénoms à la mode.

Recherchez l'originalité.

Évitez les noms de voitures.

Oubliez la bonne idée bien arrosée.

Pas de prénoms d'animaux domestiques.

Abandonnez les prénoms de vos ex.

Renseignez-vous sur les heures de consultation.

Visitez la salle d'attente.

Renseignez-vous sur les tarifs de nuit.

Rencontrez le docteur.

37 faire sortir bébé du lot

Il faut bien reconnaître que personne n'a envie de se balader avec un bébé habillé comme l'as de pique. Voilà quelques vêtements indispensables pour faire sortir du lot votre bébé.

maillot de foot

lunettes de soleil

barboteuse rock

treillis de grand

132 traîner avec bébé

tutu mimi

chaussures supercool

bonnet rigolo

moufles colorées

38 customiser les vêtements de bébé

Choisissez une image.

Imprimez-la sur papier transfert.

Repassez au fer chaud.

Faites admirer votre création.

Des études ont prouvé que les bébés reconnaissent les voix et les musiques qu'ils ont entendues *in utero*. Faites-lui plutôt écouter du classique que du heavy metal suédois pour ados. Le toucher peut également être une excellente prise de contact. Des caresses et de légers tapotements le feront réagir.

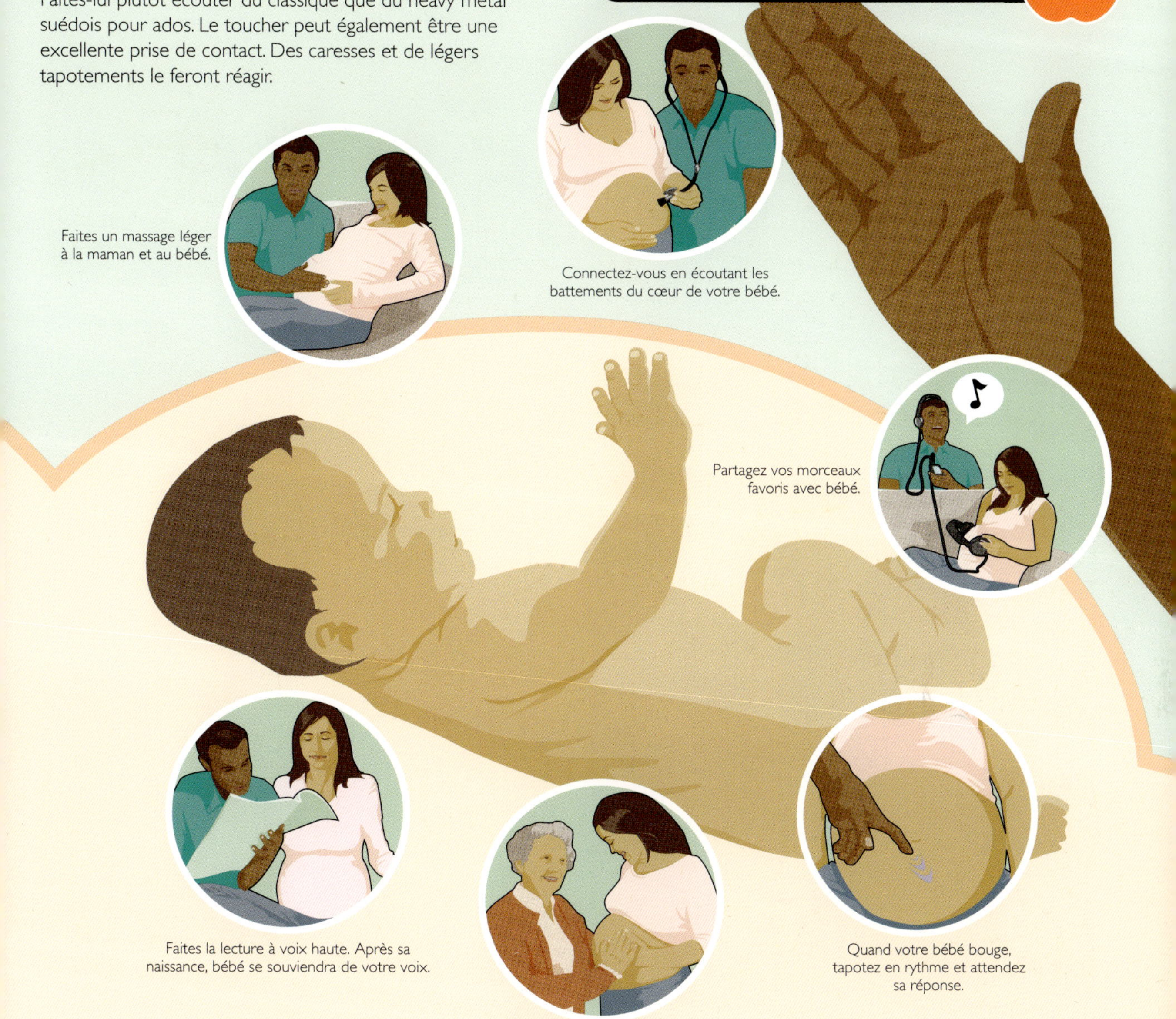

Faites un massage léger à la maman et au bébé.

Connectez-vous en écoutant les battements du cœur de votre bébé.

Partagez vos morceaux favoris avec bébé.

Faites la lecture à voix haute. Après sa naissance, bébé se souviendra de votre voix.

Quand votre bébé bouge, tapotez en rythme et attendez sa réponse.

Invitez vos proches à parler au bébé, ainsi leurs voix lui seront familières.

40 reconnaître les phases du travail

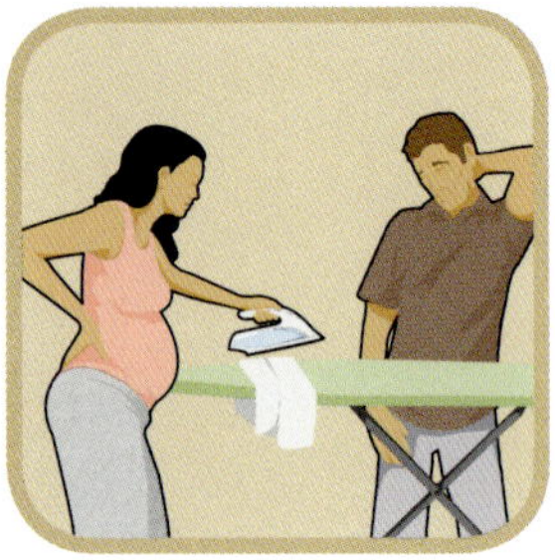
Elle nidifie.

Elle a mal au dos.

Elle perd les eaux.

Les contractions sont régulières.

41 s'habiller pour l'hôpital

À l'hôpital, vous remplirez les fonctions d'attaché de presse, d'officier de liaison et de coursier. Vous devrez aussi passer beaucoup de temps avec la mère et l'enfant.
Voilà deux tenues qui conviennent à toutes les situations.

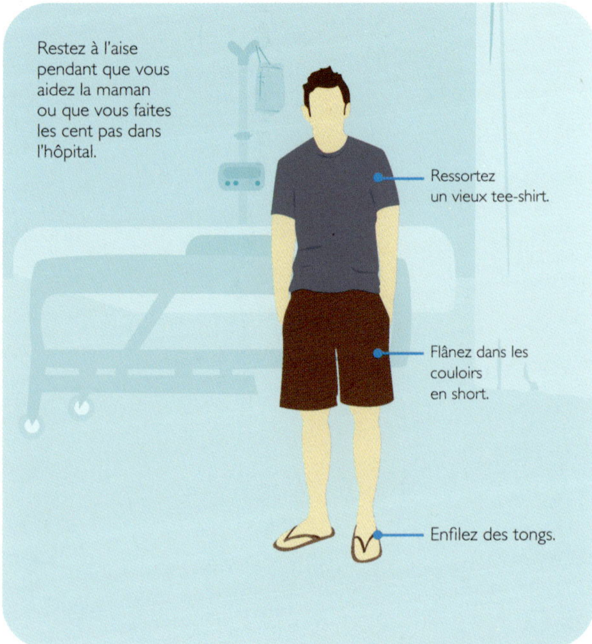

42 faire les valises pour l'hôpital

En partant à l'hôpital, vous aurez tous les deux besoin de vos petites affaires. Préparez un petit sac facile à porter pour la future maman, et un autre sac plus grand pour vous.

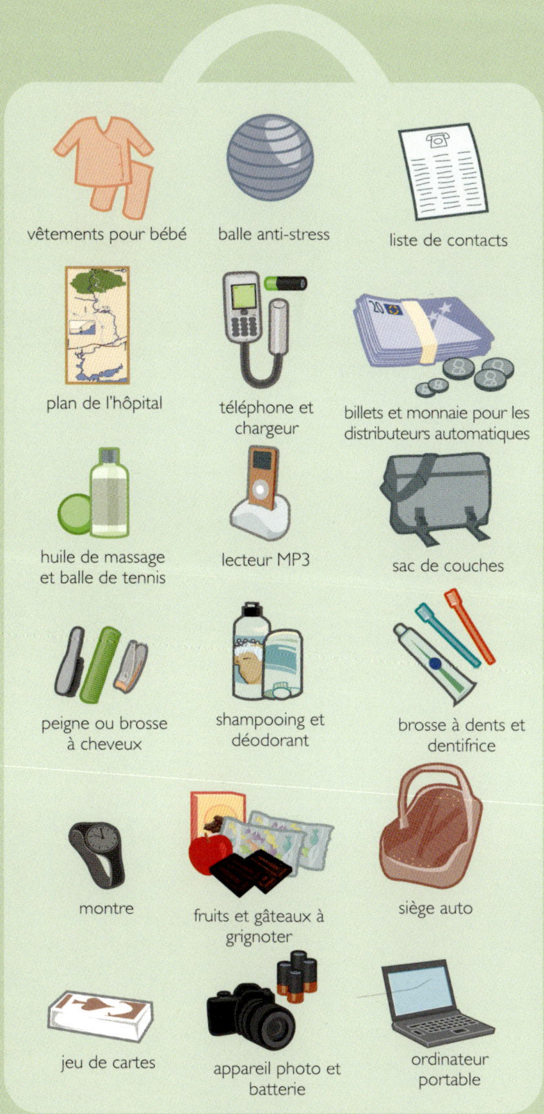

pour le futur papa

pour la future maman

43 tracer l'itinéraire pour le jour J

Votre mission : concocter le meilleur itinéraire jusqu'à l'hôpital. Ne laissez rien au hasard. Effectuer une reconnaissance des environs vous fera gagner du temps et vous évitera bien du stress.

Inspectez les urgences de la maternité.
Trouvez une issue de secours discrète.
Garez-vous au parking.

Imaginez que vous êtes engagé comme pilote de ligne sans aucun entraînement. « Voici le cockpit. Vous nous emmenez à Bordeaux. Bonne chance ! » Les défis sont multiples et sérieux. Dès que l'un est en passe d'être résolu, un autre se présente. Voilà le scénario typique : Bébé se vomit dessus. Ouah ! comment est-ce possible ? Avant de le changer intégralement, vous commencez par changer sa couche. Attends ! Est-ce que le caca est censé être de cette couleur ? Pendant que vous essayez de lui passer les bras dans les manches de son pyjama, bébé hurle. L'habiller devient vraiment un problème. Est-ce que je fais cela en dépit du bon sens ? Ce genre de situation peut vous amener au syndrome du vase Ming : vous avez alors peur de casser votre bébé dès que vous l'effleurez. Heureusement, la connaissance, c'est la guérison, et la première dose, c'est sur la page suivante !

savoir faire

44 être au top pendant le travail

Votre mission de top papa vient juste de débuter ! Soyez prêt à combattre la douleur, l'ennui et le stress grâce à ces activités amusantes et fort utiles !

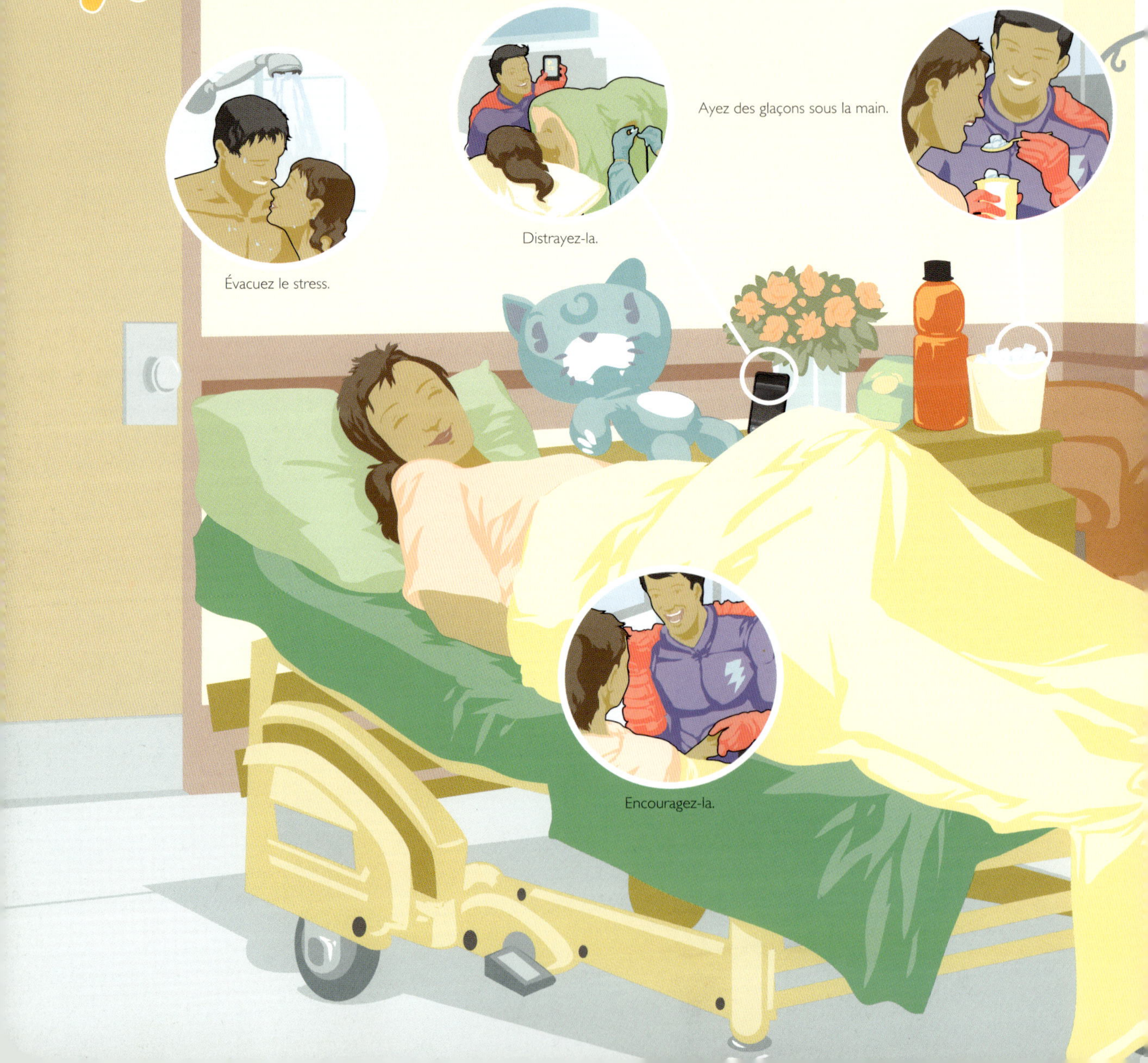

Évacuez le stress.

Distrayez-la.

Ayez des glaçons sous la main.

Encouragez-la.

Prévenez amis
et famille.
Jouez aux cartes pour
faire passer le temps.
Massez-lui le dos pour
la soulager.
Faites un tour dans le hall.
Soulagez la douleur grâce à
un ballon d'accouchement.
Dansez un slow pour la
soutenir et la détendre.

45 connaître les différentes phases du travail

	contraction		dilatation	conseils
précoce	intervalle 15-20 mn	durée 30-45 sec	Début de la dilatation	Prévenir le médecin. Faire des exercices de respiration. L'encourager à marcher.
	intervalle 5 mn	durée 30-45 sec	4 cm	Appeler la famille proche et les amis. Partir à l'hôpital. Ne pas paniquer.
active	intervalle 3 mn	durée 60 sec	4-8 cm	Envisager les différentes options de gestion de la douleur. Au début de cette phase, ne vous étonnez pas si l'hôpital la renvoie à la maison.
transition	intervalle 2-3 mn	durée 60–90 sec	10 cm	Soyez particulièrement compatissant. Sa douleur est à son comble pendant cette phase. Préparez-vous à rencontrer votre bébé.

46 l'accouchement par voie basse

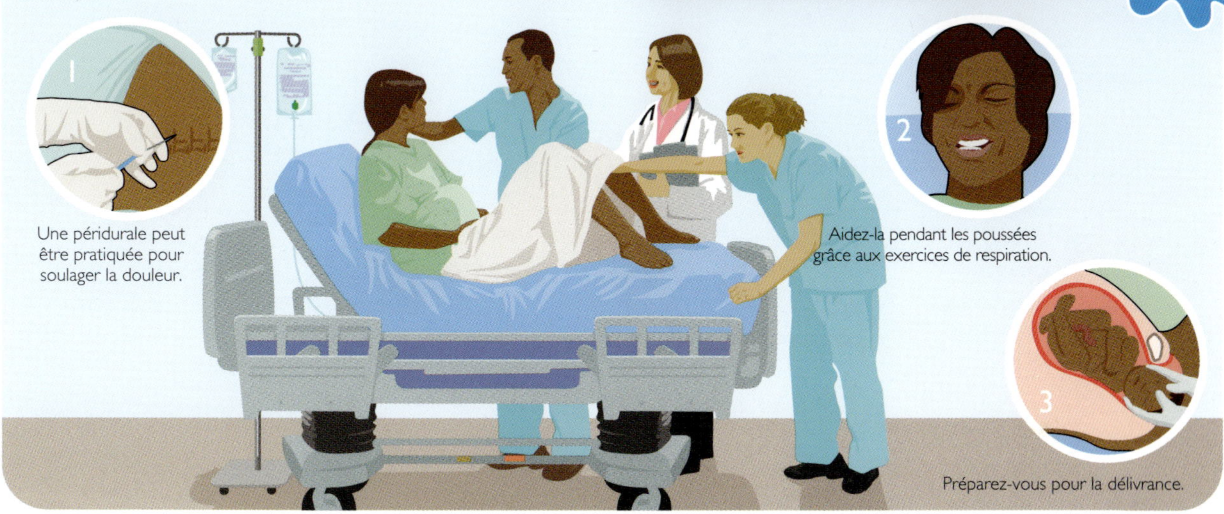

47 l'accouchement par césarienne

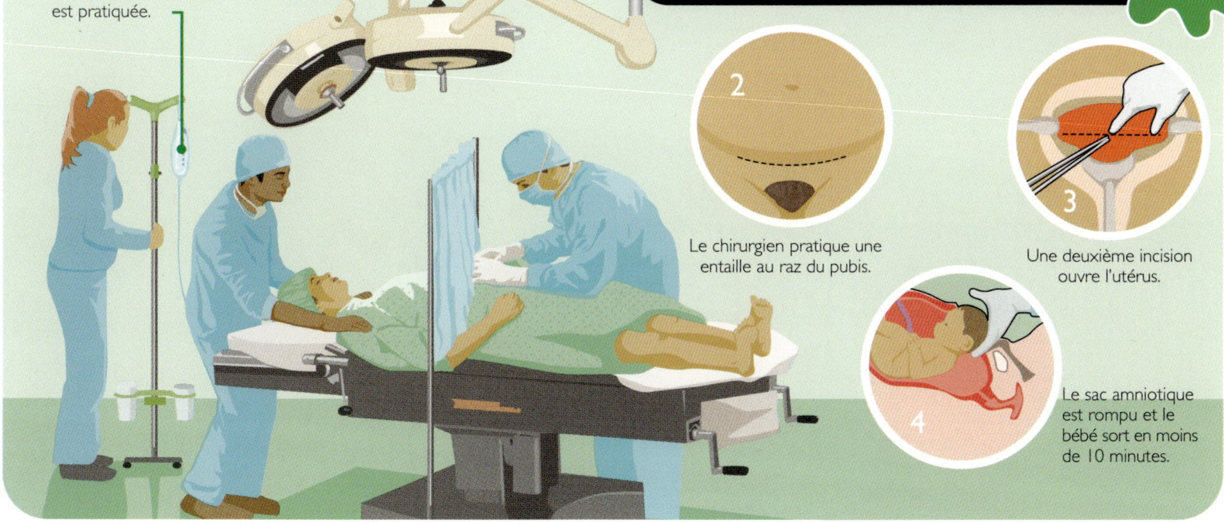

48 accoucher dans le métro

Repérez les prochaines stations importantes.

Incitez la maman à utiliser la gravité.

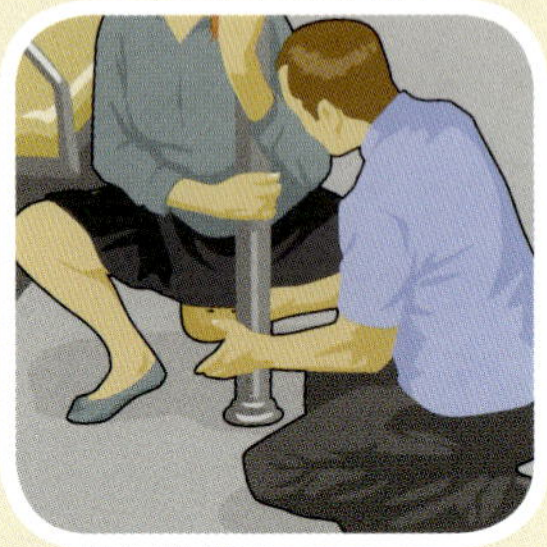

Attrapez doucement le bébé.

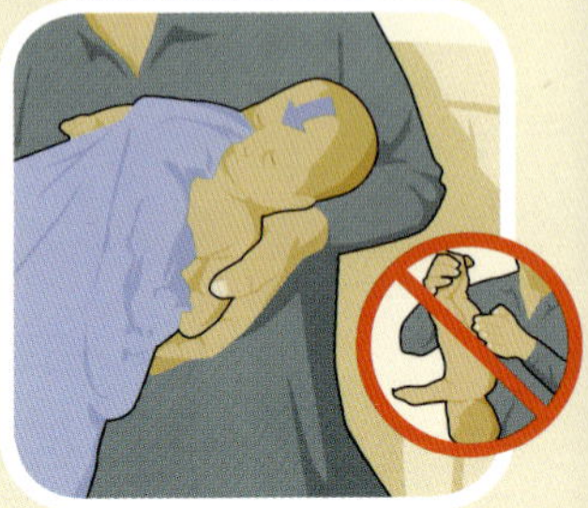

Nettoyez le visage du bébé.

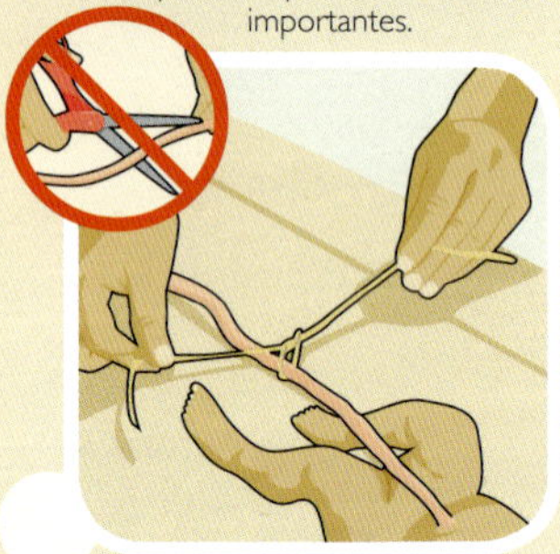

Coupez le cordon ombilical.

Serrez-le bien au chaud dans vos bras.

Donnez-lui le sein si possible.

Remontez à la surface.

accoucher dans l'ascenseur 49

faire une entrée en fanfare 50

accoucher à la télévision 51

accoucher pendant l'apocalypse 52

53 déchiffrer les marques sur le nouveau-né

Ne vous inquiétez pas si votre nouveau-né vient au monde avec du duvet, des boutons ou des marques inattendues.

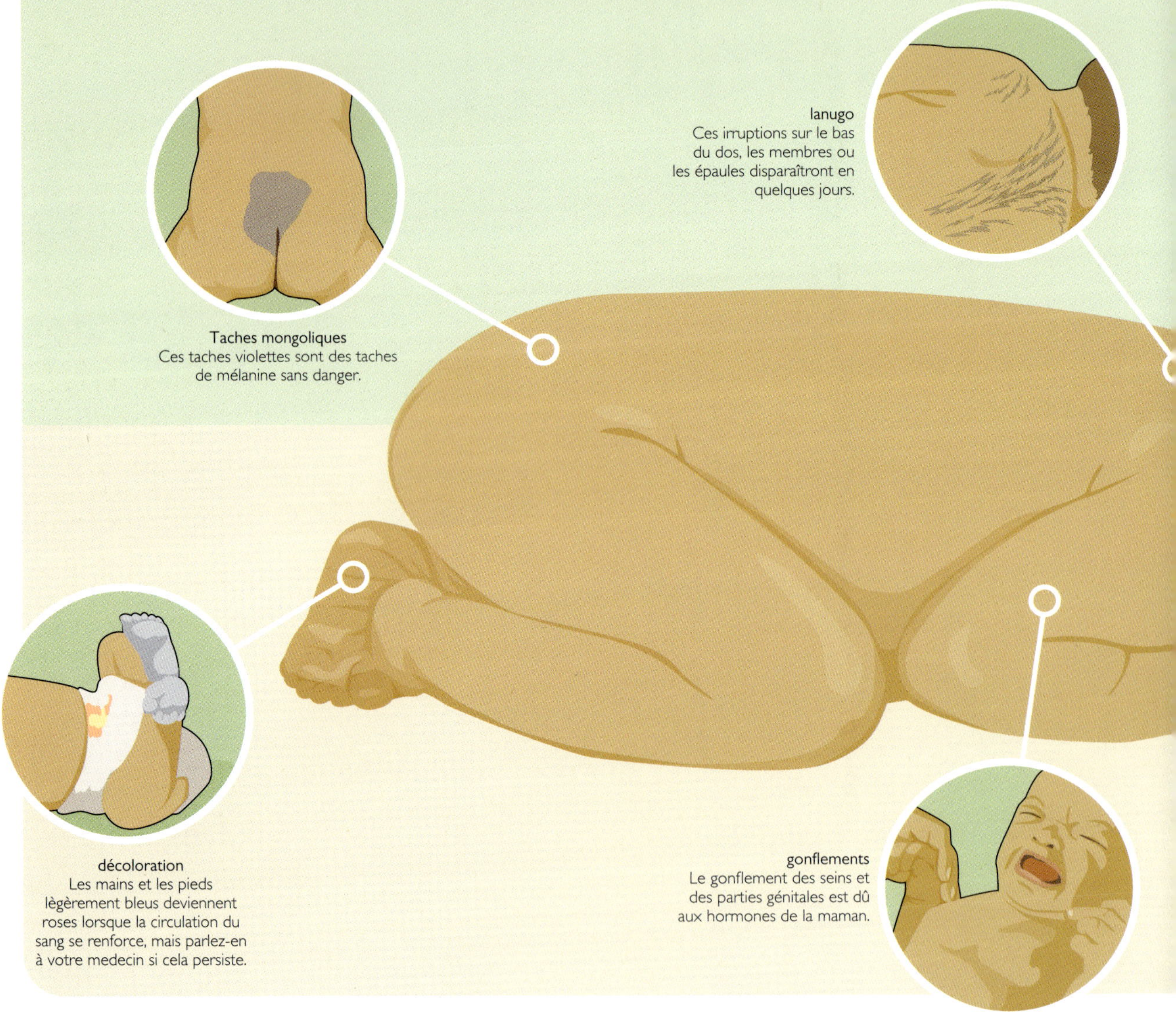

Taches mongoliques
Ces taches violettes sont des taches de mélanine sans danger.

lanugo
Ces irruptions sur le bas du dos, les membres ou les épaules disparaîtront en quelques jours.

décoloration
Les mains et les pieds lègèrement bleus deviennent roses lorsque la circulation du sang se renforce, mais parlez-en à votre medecin si cela persiste.

gonflements
Le gonflement des seins et des parties génitales est dû aux hormones de la maman.

s'émerveiller d'un nouveau-né 54

calmer un bébé qui pleure 103

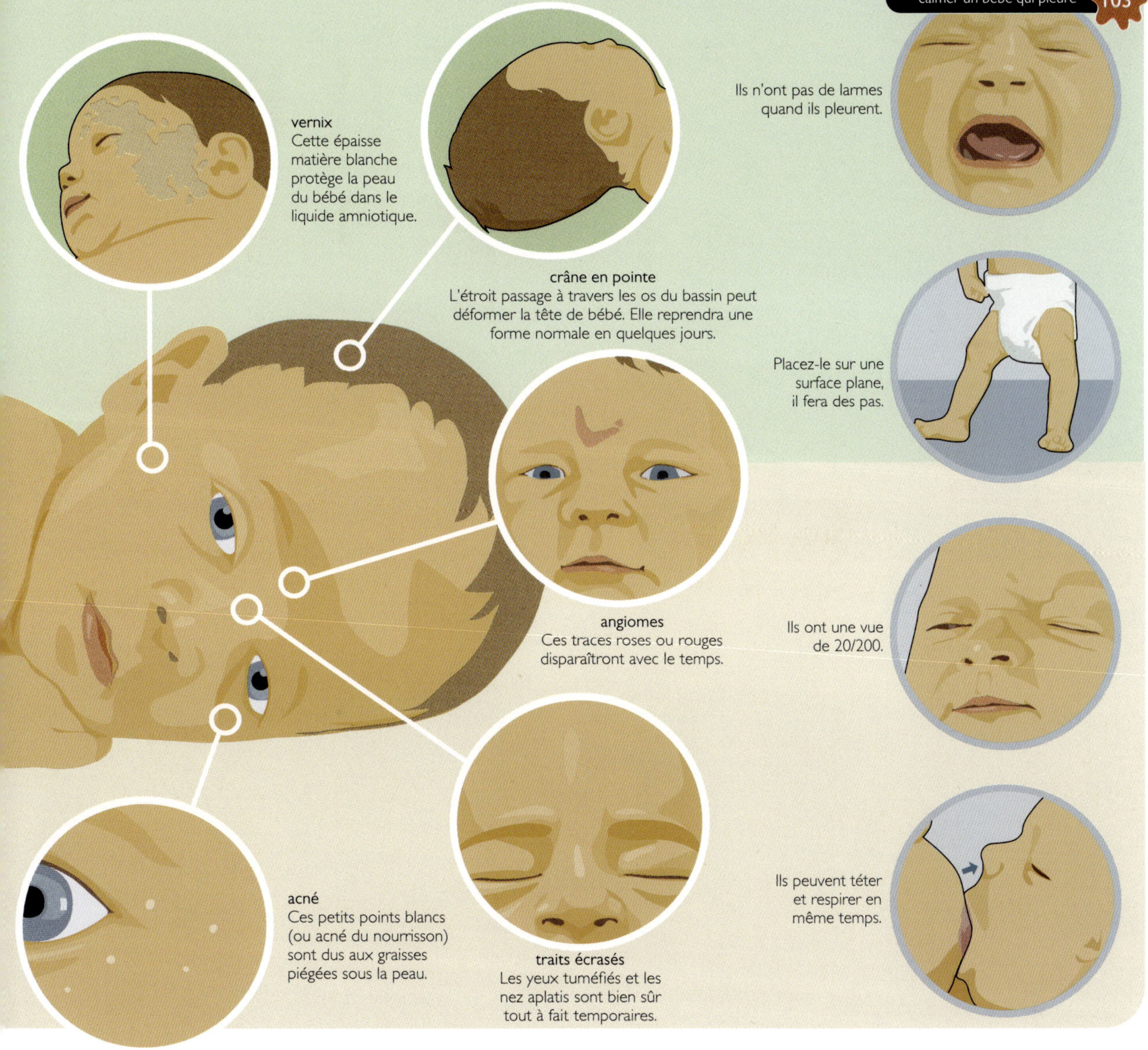

55 annoncer la nouvelle par voie aérienne

56 l'annoncer dans un stade

57 porter un toast au nouveau-né

58 informer le voisinage

59 rendre les visites courtes et agréables

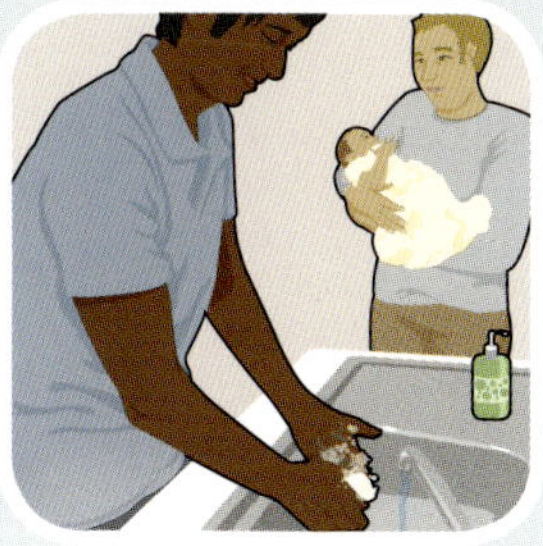

Demandez aux visiteurs de se laver les mains.

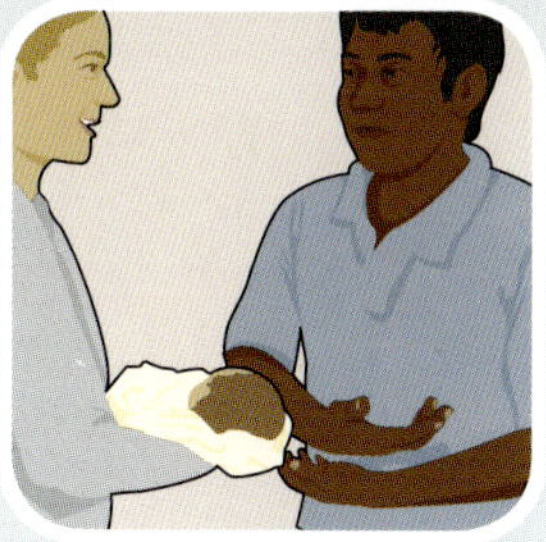

Déposez bébé dans des bras qui l'attendent.

Laissez les enfants le porter.

Invitez les enfants à lui toucher les pieds.

60 présenter bébé aux animaux de la maison

Habituez votre animal à la présence de bébé.

Faites-lui sentir des vêtements de votre bébé.

Saluez votre chien quand vous rentrez avec bébé.

Votre bébé dans les bras, rassurez votre chien.

61 comment porter bébé

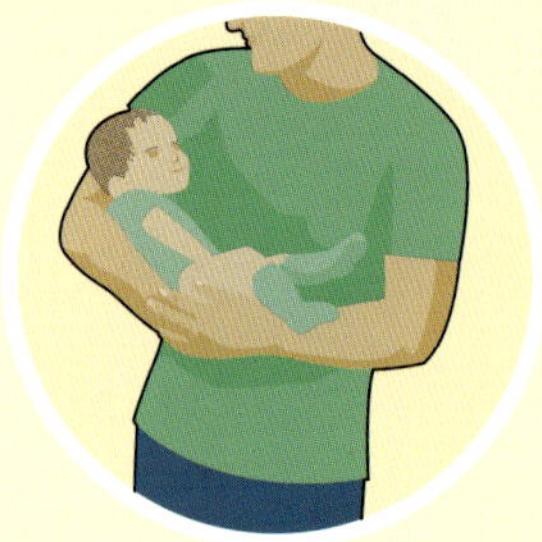

Le port en berceau permet de bercer bébé facilement.

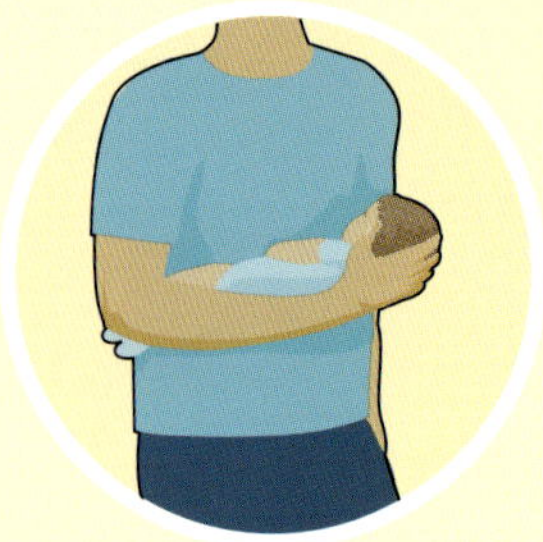

Le port en ballon de foot permet de garder un bras libre.

120 à plat ventre

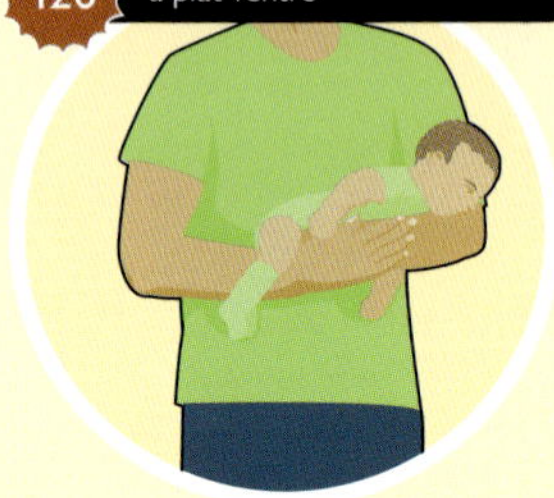

Porter bébé sur le ventre soulage ses maux de ventre.

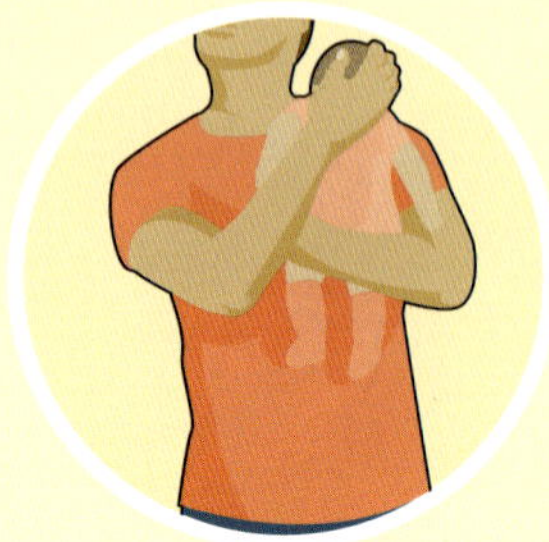

Porter bébé à l'épaule est idéal pour se promener.

62 emmailloter bébé

L'emmaillotage, également appelé « burrito de bébé », peut apaiser votre tout-petit pendant ses deux premiers mois en lui rappelant l'environnement douillet et chaud de l'utérus.

Évitez de porter bébé
comme un sac de patates !

Évitez de le suspendre
et de le secouer.

Ne le confondez pas avec
un ballon de foot américain.

Évitez de le porter comme
un sac de commissions.

63 comprendre la personnalité de bébé

Tout comme les adultes, les bébés connaissent des changements d'humeur. Apprenez à les connaître et à les reconnaître !

SYMPTÔMES

- Il a peur des inconnus.
- Il supporte mal les réunions familiales.
- Il pleure quand quelqu'un sonne à la porte.

Conseil d'initié : il sera bien plus à son aise en petit comité.

SYMPTÔMES

- Il cherche à repousser les câlins de grand-mère.
- Il jette par terre tout ce qui passe à sa portée.
- Il fait très clairement comprendre ce qu'il veut.

Conseil d'initié : ne le laissez pas s'ennuyer. Faites-le participer et parlez-lui beaucoup.

SYMPTÔMES

- Il se sociabilise aisément avec les voisins.
- Il peut s'endormir à proximité d'un chantier de construction.
- Il mange tout et n'importe quoi.

Conseil d'initié : continuez à le stimuler sans l'épuiser avec des activités physiques trop intenses.

interpréter les signaux de bébé 64

Les bébés ne peuvent pas parler. Du coup, ils utilisent les sons et le langage du corps pour communiquer. Apprenez à comprendre leurs signaux les plus éloquents.

a le regard fuyant

se frotte les yeux

cambre le dos

a un réflexe de tressaillement.

roucoule

visage concentré

pleurs de douleur

pleurs de faim

* Parfois, les sons sont aussi importants que le langage du corps. Le pleur de douleur est long et fort, avec un ton soutenu. Le pleur de faim est court, avec un ton plus sourd.

65 avoir un papa tendance

66 hériter d'un papa angoissé

67 grandir avec un papa écolo

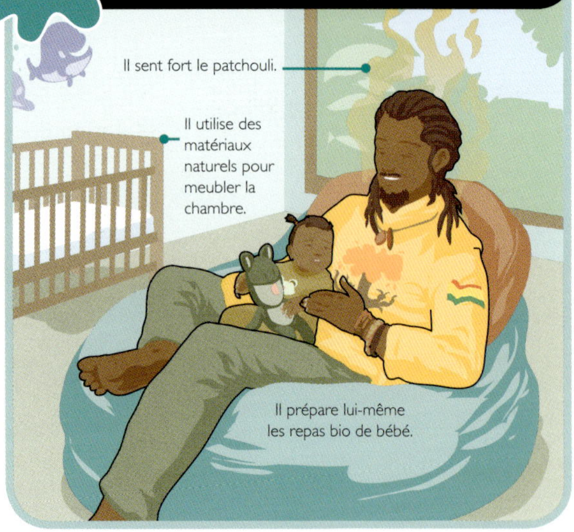

68 jouer avec un papa enfant

être attentionné avec la mère 69

Offrez-lui des cadeaux-surprises.

Apportez-lui des fleurs.

Aidez-la pour les tâches ménagères.

Jouez-lui la sérénade.

laisser souffler maman 70

Planifiez un après-midi spécial pour les mamans.

Organisez-vous avec d'autres pères.

Offrez-leur un jour sans enfants.

jouer à des jeux de papas 125

Amusez-vous en bande.

71 bien utiliser son téléphone

Suivez les rendez-vous.

Vérifiez votre liste de courses.

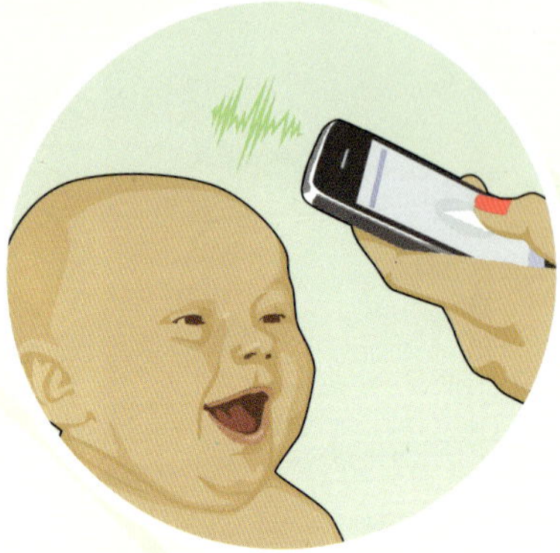

Envoyez des messages à bébé.

Calmez bébé avec de la musique.

Utilisez le GPS pour rester
sur la bonne route.

Montrez partout vos photos de famille.

transformer un téléphone en babyphone 72

Appelez votre téléphone.

Posez-le à côté de bébé.

Branchez un écouteur et montez le volume.

Restez connecté.

se servir du téléphone pour s'enfuir 73

Enregistrez une scène de ménage.

Choisissez une sonnerie discrète.

Restez à côté de votre hôte.

Répondez à l'appel.

Vérifiez votre messagerie vocale.

Faites semblant d'accepter de partir.

Excusez-vous et sortez.

Réutilisez autant que nécessaire.

74 aider la maman pour les soins

Pour une mère, s'occuper de son bébé peut ressembler à un travail à plein temps. Vous ne pouvez certes pas allaiter, mais le moins que vous puissiez faire est de lui faciliter les choses.

117 faire rire bébé

limiter les renvois 75

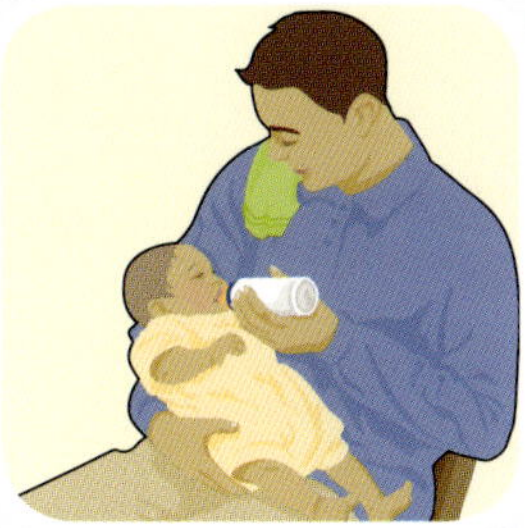

Maintenez sa tête en haut.

Faites-lui faire des rots régulièrement.

Gardez bébé bien droit.

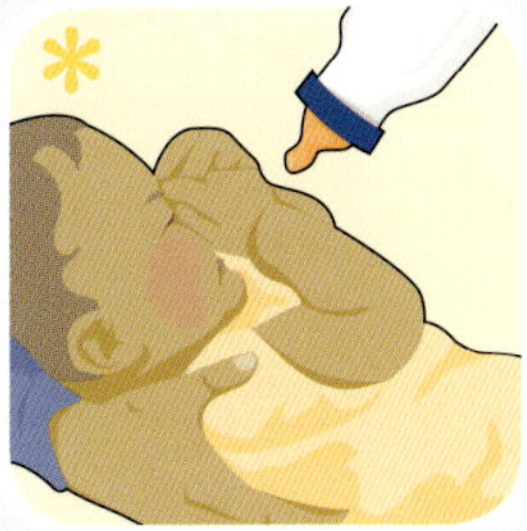

Faites attention aux signaux avant-coureurs.

Aussi prudent que vous soyez, votre bébé aura des renvois. Ayez toujours une serviette près de vous et ne paniquez pas. La plupart du temps, les renvois disparaissent au bout des 6 premiers mois.

lui faire faire son rot 76

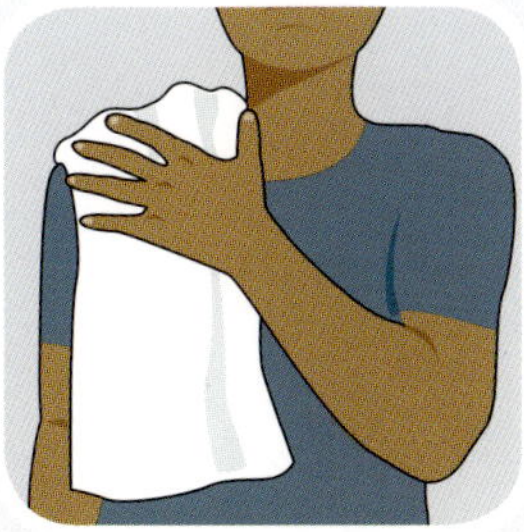

Posez une serviette sur votre épaule.

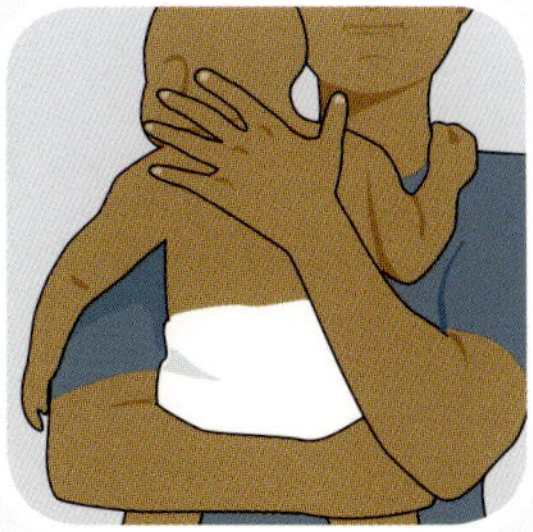

Mettez bébé en position.

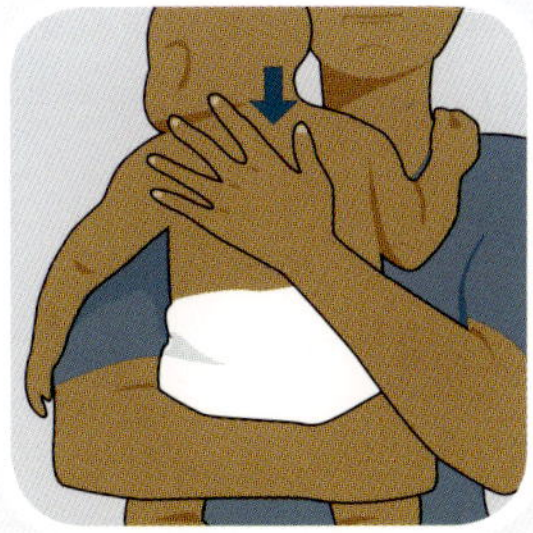

Massez ou tapotez-lui le dos…

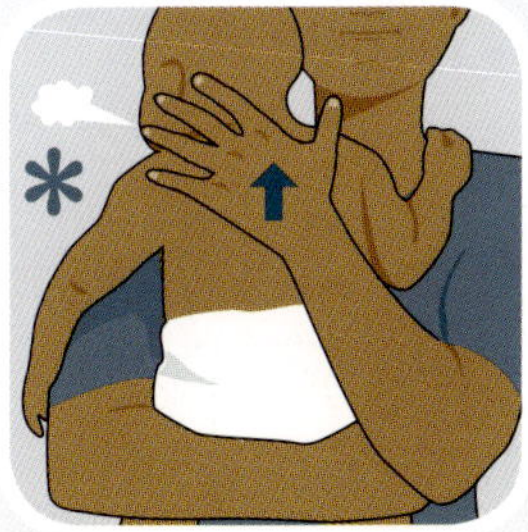

… jusqu'à ce qu'il fasse un rototo !

Ne vous inquiétez pas si bébé ne rote pas après chaque tétée. Au bout de 4 minutes, s'il ne l'a pas fait, inutile de continuer.

77 préparer le biberon

Utilisez de l'eau pure.

Remuez, ne secouez pas.

Préparez un seul biberon
à la fois.

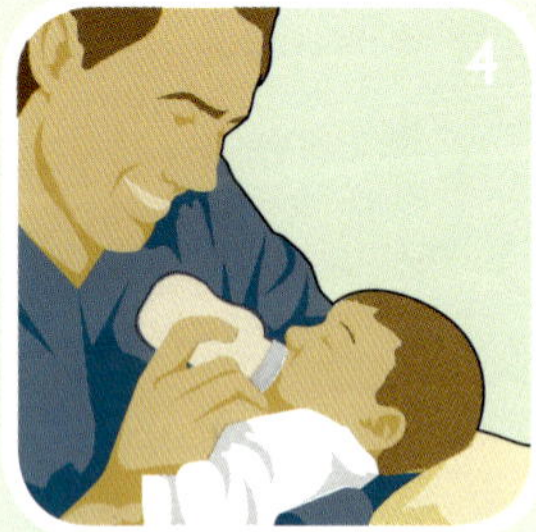

Nourrissez bébé.

Correctement conservé, le lait maternel congelé peut être gardé 3 à 6 mois. Le lait décongelé doit être utilisé dans les 24 heures. Le lait maternel frais peut être conservé 5 jours au réfrigérateur.

78 stocker et décongeler le lait maternel

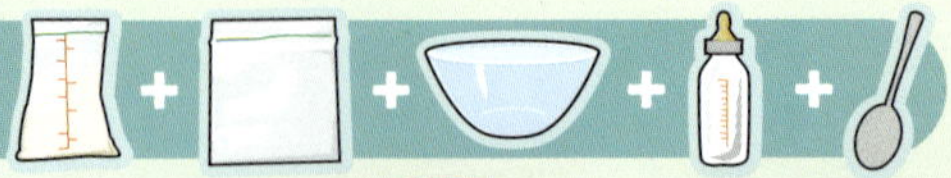

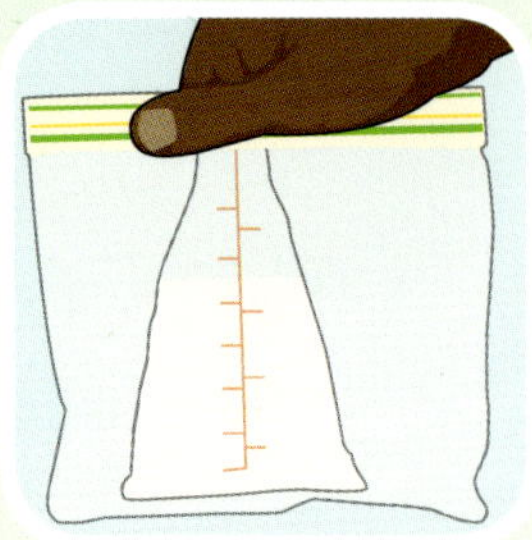
Doublez le sac.

Congelez.

Décongelez dans de l'eau chaude.

Remuez le lait pour dissiper
la chaleur.

Stérilisez avant d'utiliser.

Vérifiez le débit.

Vérifiez la température
du lait (tiède).

Portez le biberon,
ne le soutenez pas.

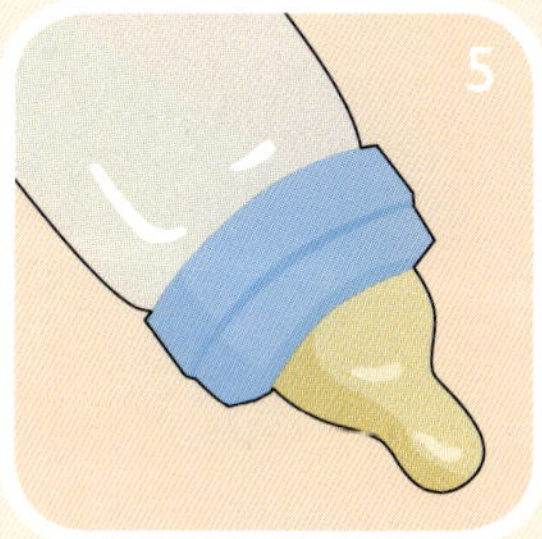

Penchez-le afin d'éviter les
bulles d'air.

Faites faire un rot pendant
et après la tétée.

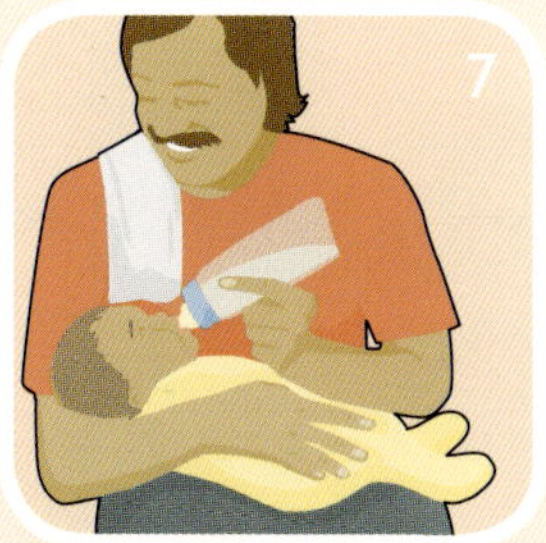

Changez de côté.

Lavez à la machine
ou à la main.

Remplacez la tétine
quand elle est usée.

80 apprendre à changer une couche

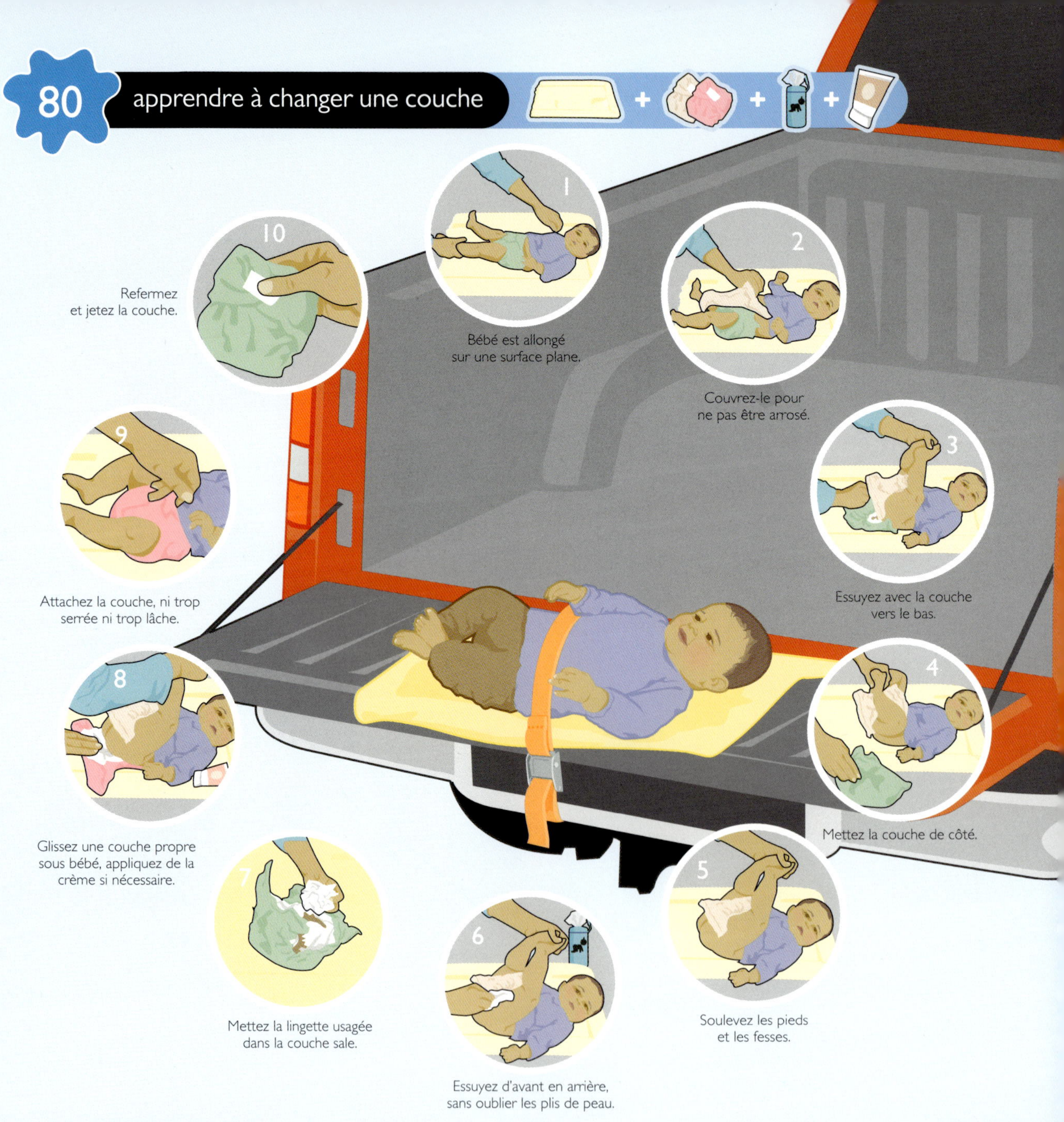

81 déchiffrer le caca de bébé

Sa couleur est-elle normale ? Ne paniquez pas ! Le caca de bébé peut avoir une foule de couleurs variées et différentes de celles du vôtre.

vert foncé
La couleur du méconium, le premier caca du bébé.

jaune moutarde
La couleur typique des bébés nourris au sein.

jaune avec des pointes de vert
La couleur typique des bébés nourris au biberon.

rouge
Des résidus de sang, peut-être sans danger, ou plus sérieux. Demandez conseil à votre pédiatre.

blanc
Très rare, mais peut être le signe d'un problème au foie. Demandez conseil à votre pédiatre.

82 remplir un sac de change

83 gérer les caca-tastrophes

Désinfectez les surfaces salies.

Changez-le debout.

Ayez une bassine d'eau savonneuse à portée de main.

Débordements ? Passez à la taille supérieure ou changez de marque.

Improvisez une table à langer.

Contenez un débordement en emmaillotant bébé dans votre manteau.

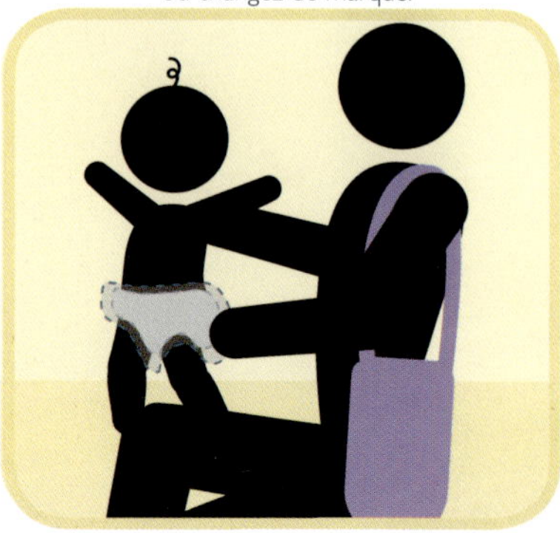

Mettez une grande couche sur une petite.

Scotchez une couche si elle se défait.

Le sucre peut provoquer des problèmes digestifs.

recycler les produits pour bébé

Un top papa est toujours plein de ressources. Quand les provisions viennent à manquer, il sait très bien détourner les articles pour bébé.

Utilisez les couches trop petites pour lustrer votre voiture.

La crème solaire de bébé est idéale pour les peaux sensibles.

Réutilisez le sac à couches comme sacoche à ordinateur portable.

Les lingettes de bébé sont pratiques pour nettoyer le tableau de bord.

Les petits pots sont parfaits pour ranger vos vis ou vos clous.

L'huile pour bébé peut servir à décoincer une fermeture Éclair.

Soignez vos gueules de bois avec des solutions électrolytes.

Les biscuits pour bébés, très savoureux, contiennent peu de calories et de graisses.

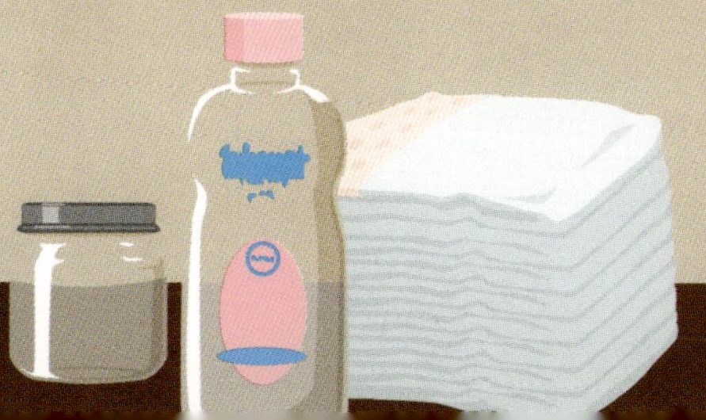

85 laver un nouveau-né

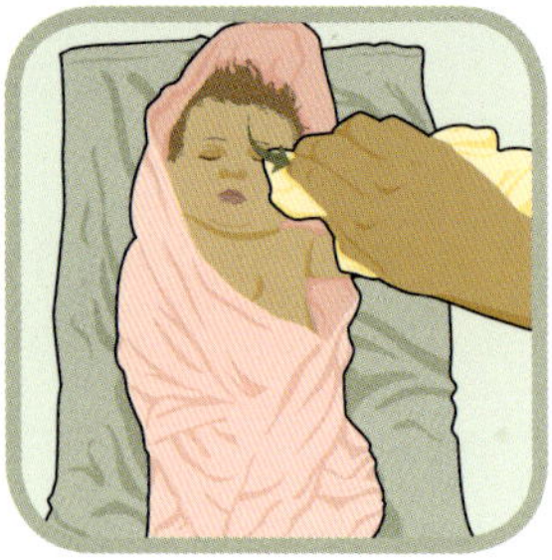

Essuyez le visage en partant du nez.

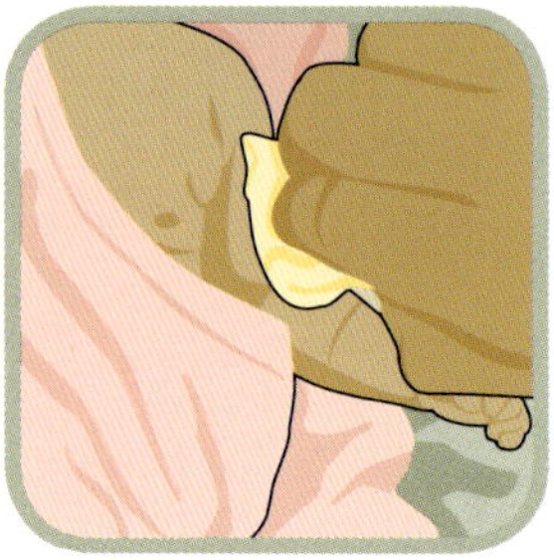

Nettoyez tous les plis de peau.

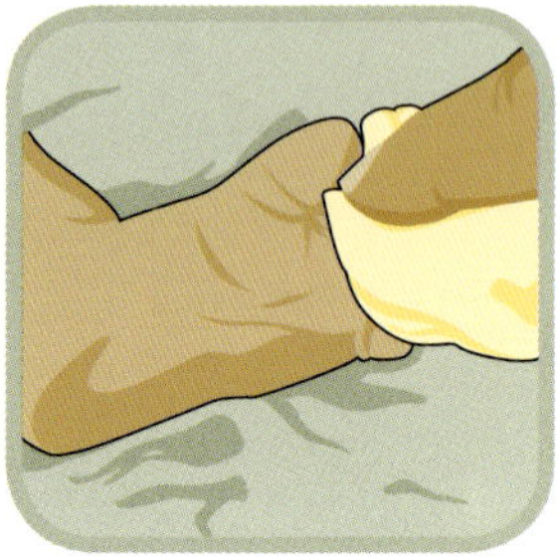

Passez entre les orteils.

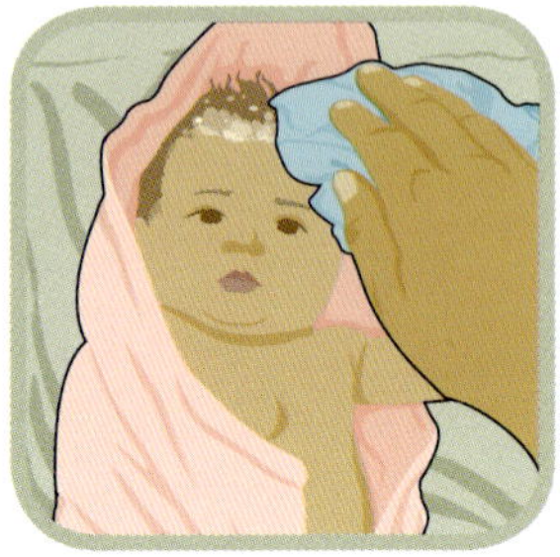

Lavez la tête
avec un tissu humide.

86 baigner un bébé

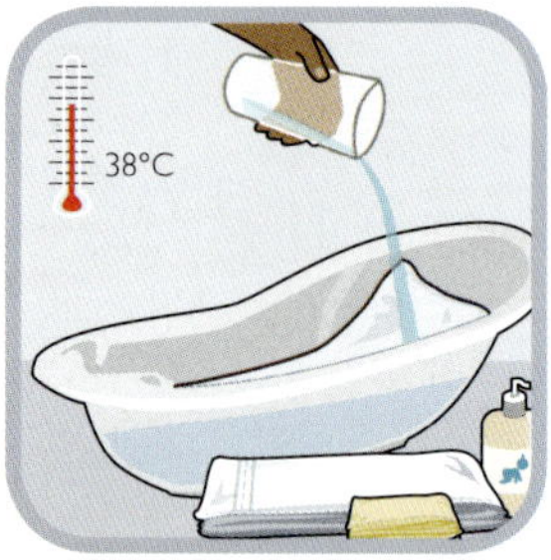

Préparez la baignoire et les produits.

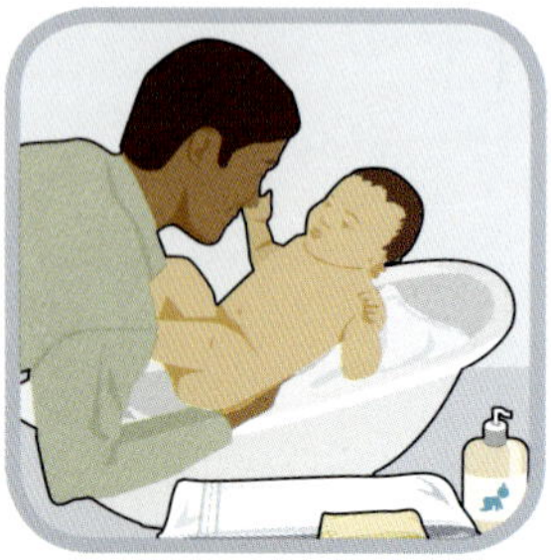

Soutenez la tête et le dos.

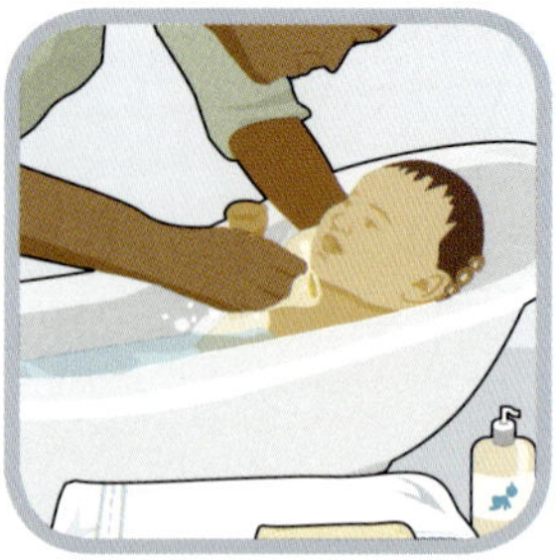

Lavez le visage en premier.

Lavez le corps de haut en bas.

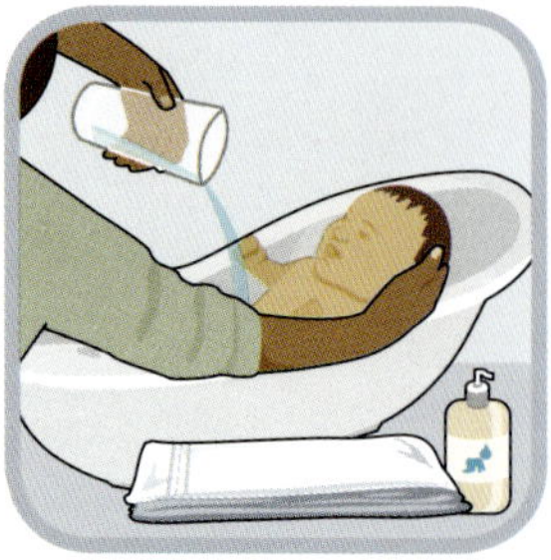

Rajoutez de l'eau pour qu'il n'ait pas froid.

Retournez-le pour laver son dos.

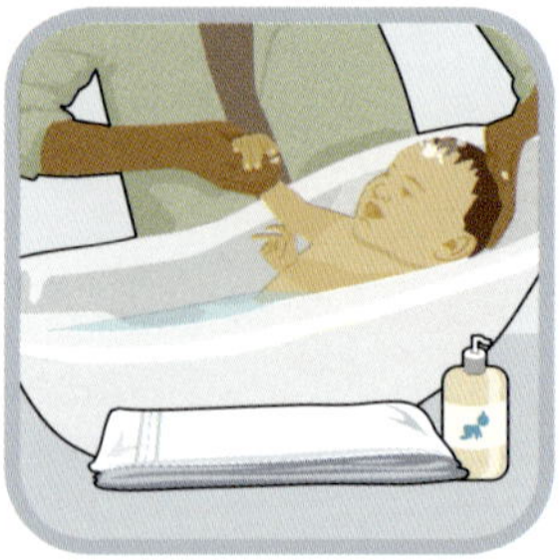

Lavez ses cheveux en dernier.

Séchez-le et habillez-le.

87 couper les ongles sans danger

Choisissez un moment calme.

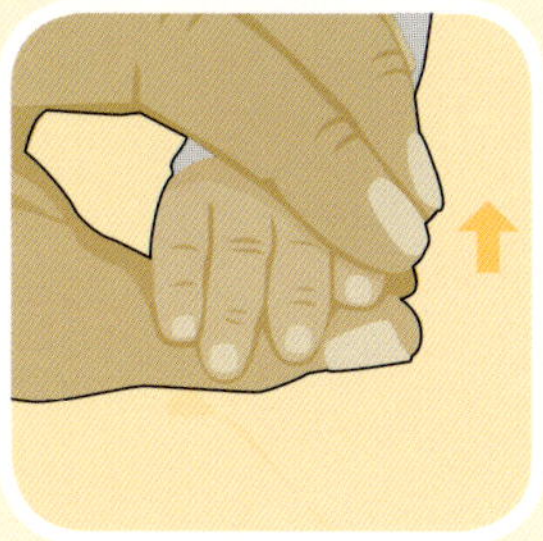
Appuyez sur le bout charnu du doigt.

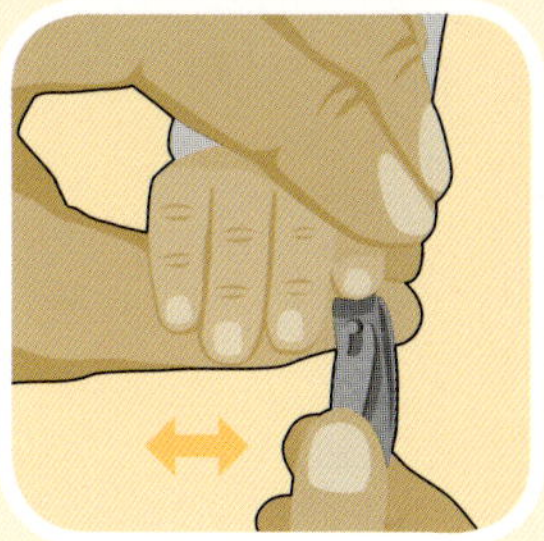
Coupez en arrondi.

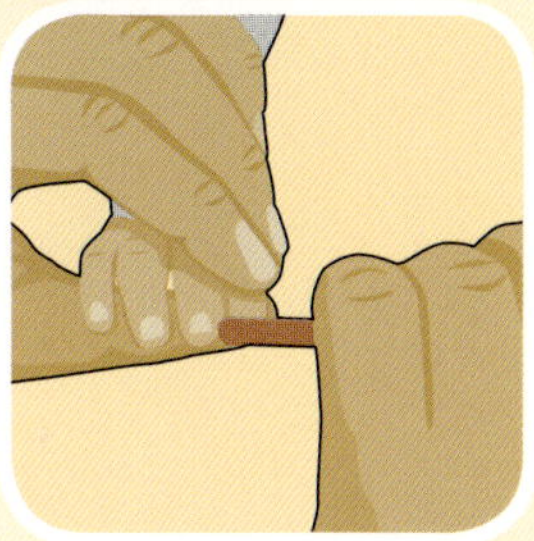
Limez les angles.

88 prévenir l'érythème fessier

* Pour nettoyer bébé, utilisez des lingettes sans parfums ou de l'eau claire. Consultez si l'érythème est important.

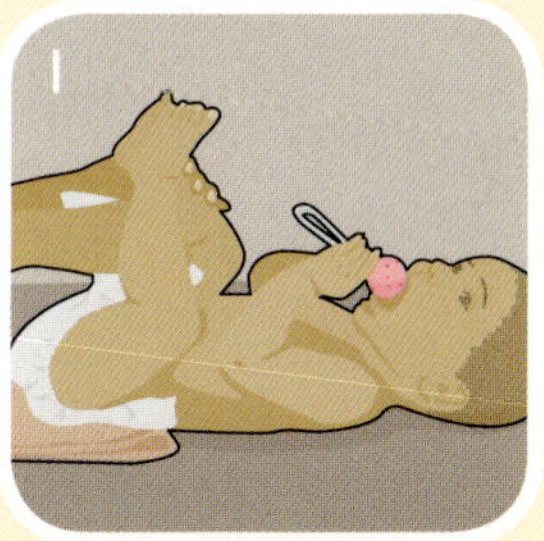

Changez sa couche fréquemment.

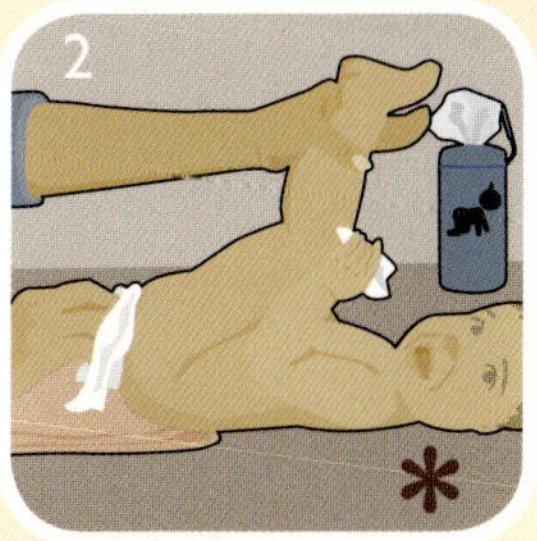

Nettoyez et séchez bien.

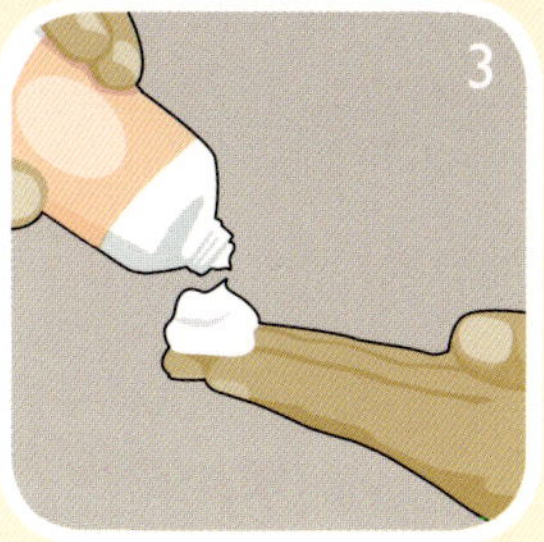

Utilisez de la crème.

Laissez à l'air libre le plus possible.

89 habiller un bébé

Quand il s'agit de vêtements, choisir des habits confortables et sûrs est un must. Alors, jouez les stylistes avec talent !

Lisez les étiquettes de taille.

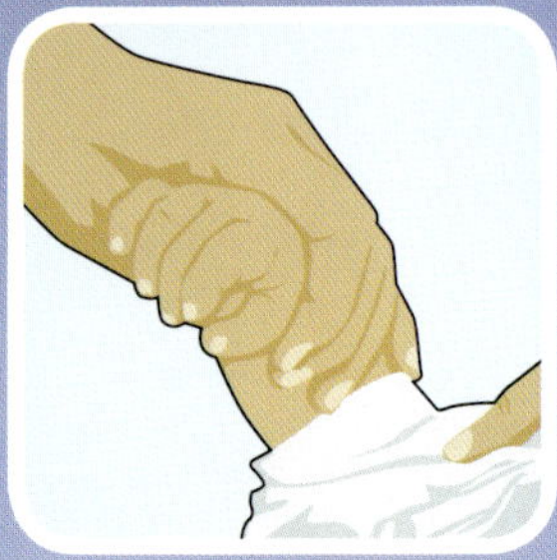

Passez les mains à travers les manches.

Évitez les cordons.

Évitez les articles trop décorés de bijoux.

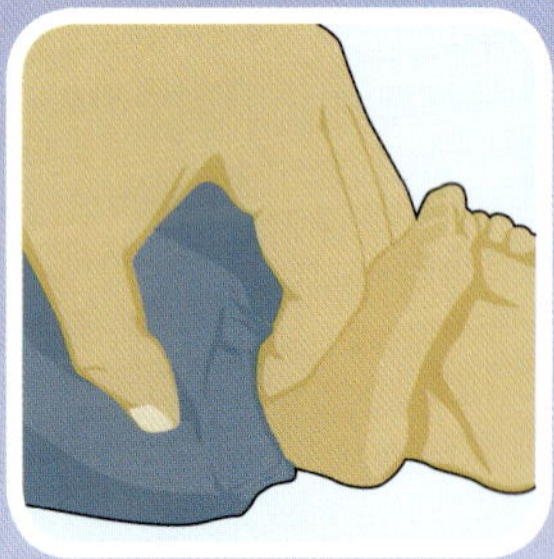

Vérifiez l'élastique de la taille.

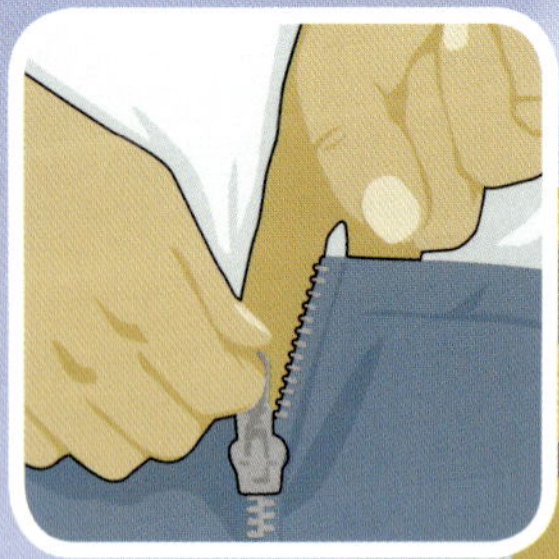

Glissez un doigt sous la fermeture éclair.

Empilez les couches.

Les pyjamas à pieds simplifient la vie.

bicarbonate de soude
poudre d'attendrisseur de viande
jus de citron
vinaigre blanc
dissolvant
alcool domestique
soleil

91 charger la poussette

71 bien utiliser son téléphone

92 dans le coffre de la voiture

93 voyager en avion

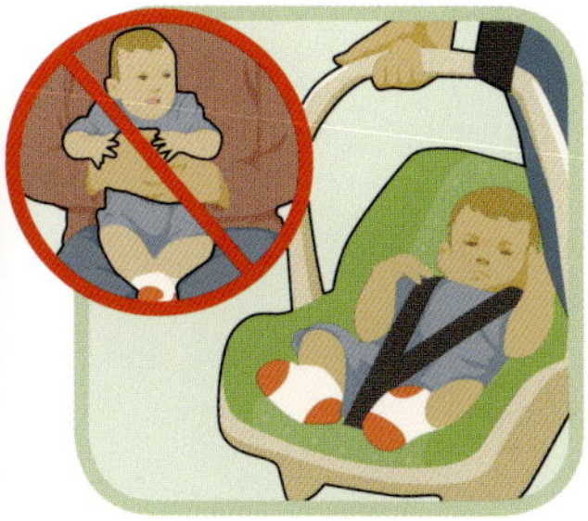

Utilisez un siège bébé homologué.

Enregistrez la poussette en soute.

Emportez des réserves.

Donnez le biberon au décollage.

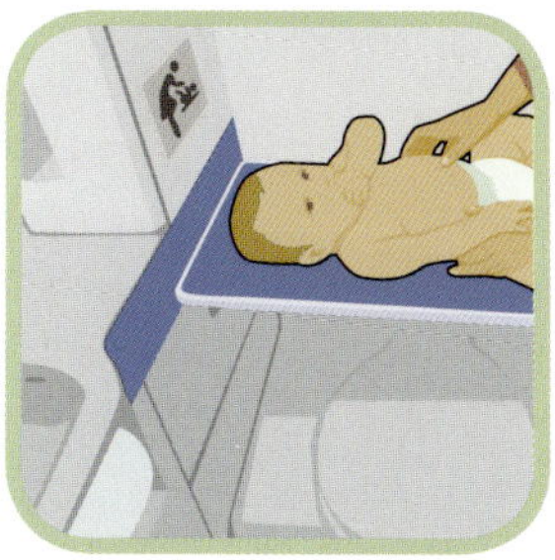

Changez bébé dans les toilettes.

Distrayez-le avec de nouveaux jouets.

Promenez-le dans le couloir.

Nourrissez-le pendant l'atterrissage.

94 distraire bébé dans les magasins

Stimulez ses sens en le laissant sentir et toucher les objets qui ne risquent rien.

Parlez-lui de ce que vous êtes en train de faire, donnez le nom des produits que vous achetez.

Laissez bébé jeter les objets incassables dans votre caddie.

95 distraire bébé en public

Jouez à « ainsi font, font, font… » et encouragez-le à vous imiter.

Mettez des marionnettes à doigts.

Faites disparaître et réapparaître votre pouce.

Bourrez une chaussette de petits jouets silencieux.

96 calmer bébé pour un long moment

97 emmener bébé au bureau

98 donner l'illusion d'une maison propre

Tapotez les coussins du canapé.

Passez un coup d'aspirateur rapide.

Aérez.

Remplissez la lingerie.

Cachez les assiettes sales.

Nettoyez l'évier.

Stockez dans la douche.

Faites diversion grâce à bébé.

99 transformer bébé en serpillère

Découpez votre serpillère.

Utilisez de la colle non toxique.

Collez les pièces de serpillère.

Laissez faire bébé !

donner l'illusion d'un fantastique dîner 100

La nourriture à emporter et les livraisons peuvent être néfastes pour la santé et le portefeuille. Un poulet rôti est un bon début pour un repas simple que vous pouvez préparer en quelques minutes.

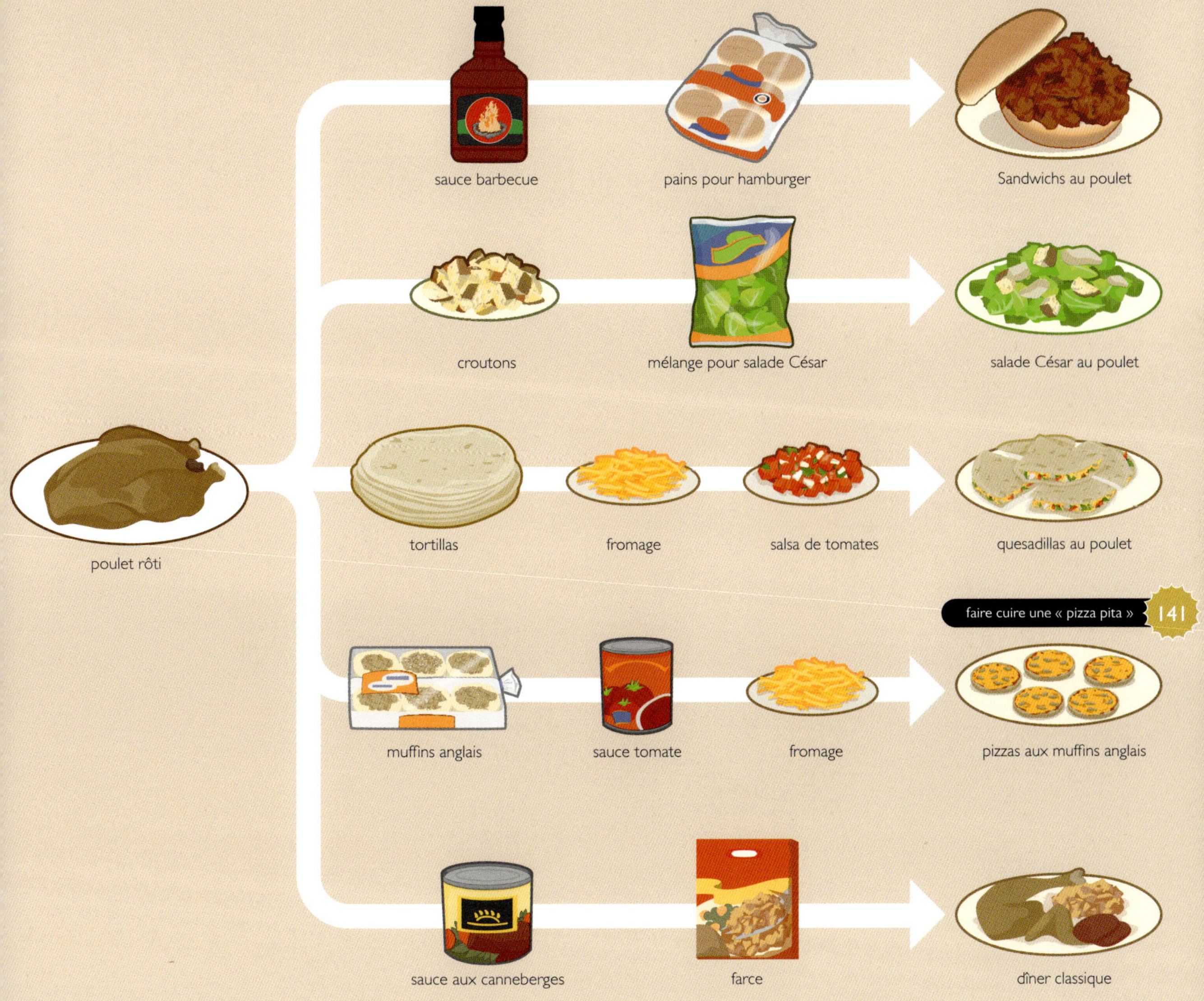

faire cuire une « pizza pita » 141

101 dîner dehors avec bébé

Choisissez des endroits
« family friendly ».

Évitez les heures de pointe.

Demandez si possible
une table séparée.

Attachez-le par sécurité.

102 gérer un chipoteur

Protégez le sol avec un tissu.

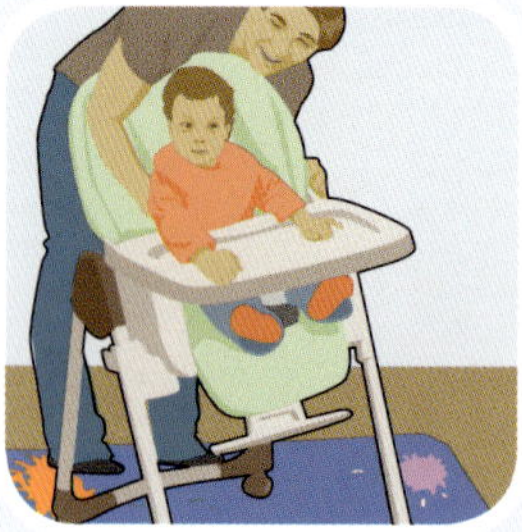

Attachez bébé
dans son siège.

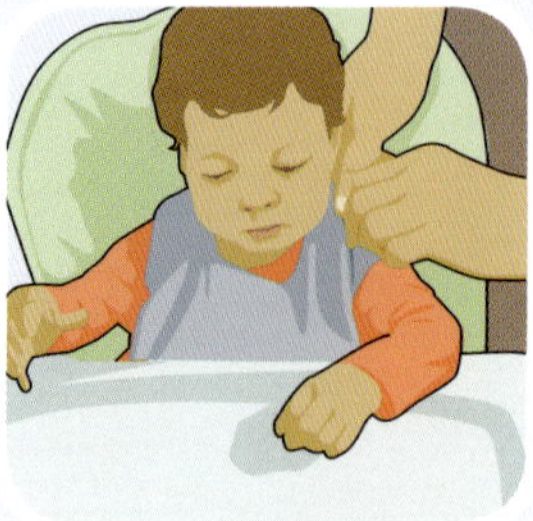

Mettez-lui un bavoir.

Utilisez deux cuillères.

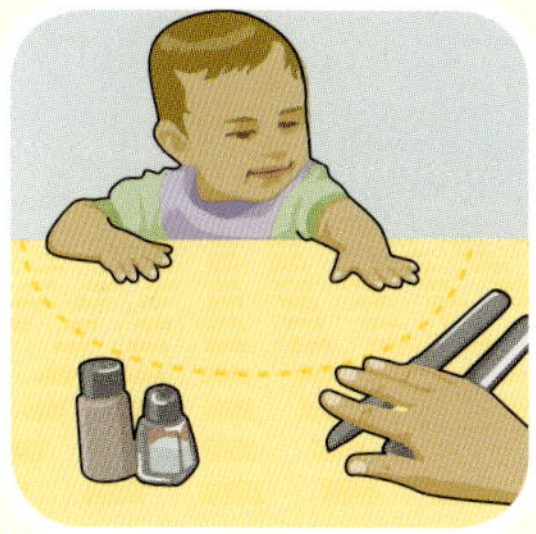

Dégagez l'espace.

Apportez avec vous le repas
et la boisson de bébé.

Prenez quelques jeux
silencieux.

Sortez son jouet favori.

Donnez-lui une tasse
avec couvercle.

Servez des petits morceaux.

Laissez-le chicaner.

Pas de chance ?
Essayez encore.

103 calmer un bébé qui pleure

Vérifiez s'il a besoin qu'on le change.

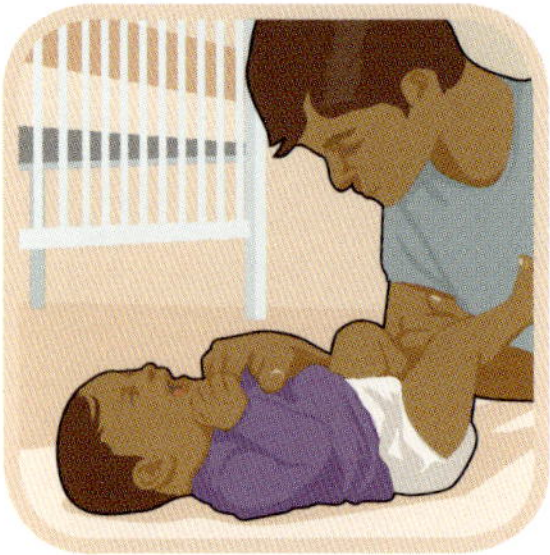

Vérifiez que ses vêtements ne le serrent pas.

Changez d'air, sortez.

Utilisez la musique.

Mettez en marche l'aspirateur (ou le sèche-linge).

61 comment porter bébé

Changez-le de position.

Serrez-le dans vos bras en fredonnant.

Testez la magie du miroir.

104 régler les problèmes de sommeil

Créez un son blanc.

Préchauffez son lit.

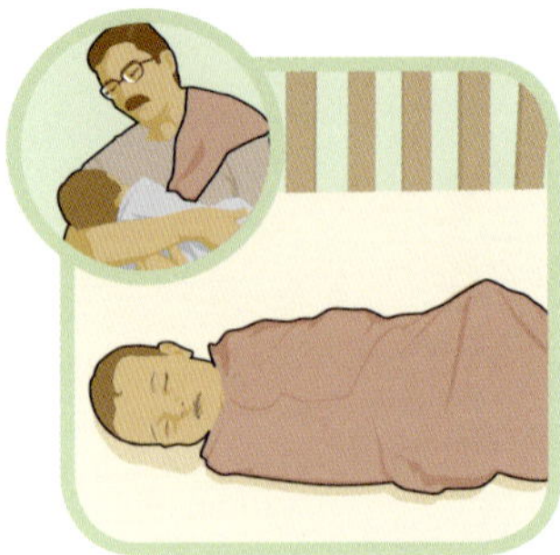

Emmaillotez-le dans des odeurs familières.

Relevez-le.

Commencez toujours
à la même heure.

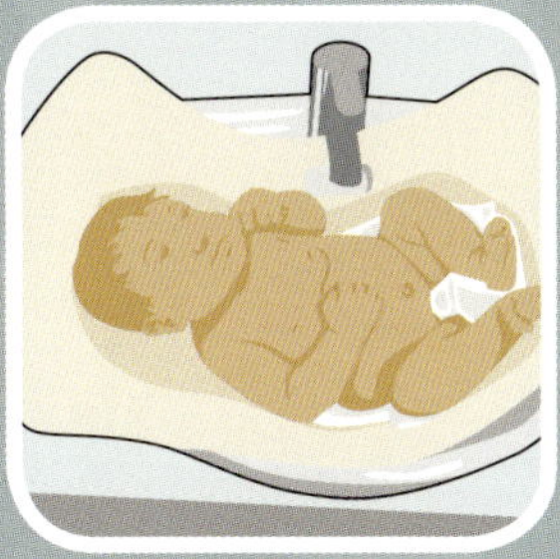
Calmez-le dans un bain tiède.

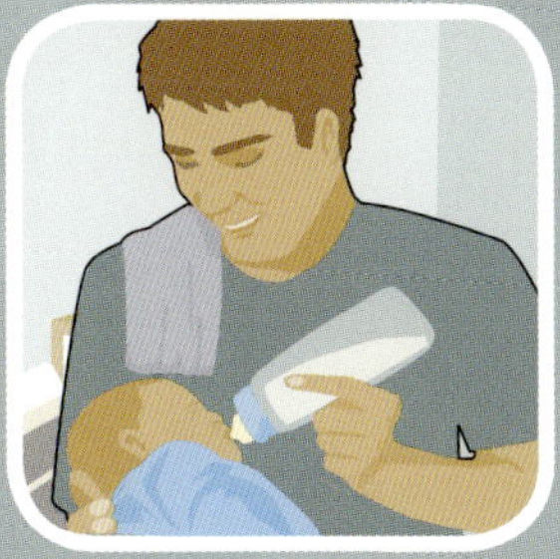
Nourrissez-le

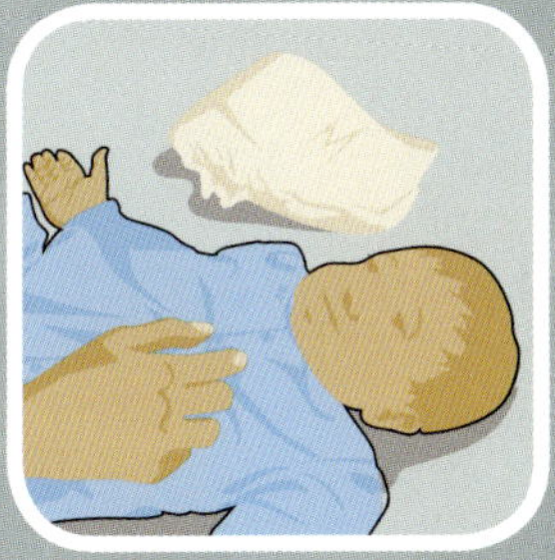
Changez sa couche.

Faites l'obscurité.

Chantez une berceuse.

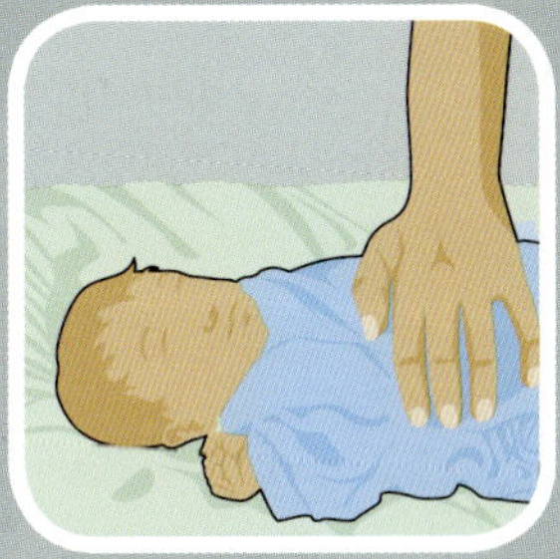
Couchez-le sur le dos ;
tapotez-le doucement.

Utilisez ce rituel partout.

* Vous serez peut-être un peu lassé de répéter toujours les mêmes gestes. Sachez pourtant que cette routine est un signal pour bébé qu'il est temps de se préparer à une bonne nuit de sommeil. Alors un conseil, lorsque vous aurez établi votre propre rituel, tenez-vous-y !

106 faire illusion au bureau

Bien sûr, vous êtes épuisé, comme tout nouveau parent ! Les insomnies de votre bébé influent sur votre propre sommeil, mais prendre un jour de repos est impossible. Heureusement, il existe des trucs pour faire semblant de travailler au bureau.

Tirez sur vos bras si vous vous endormez.

Ne vous étalez pas trop.

Montez le son.

Mâchez du chewing-gum.

Des paupières maquillées ne tromperont personne.

Prenez un bol d'air frais
et étirez-vous.
Faites une sieste
dès que c'est possible.
Baissez un peu le chauffage.
Hydratez-vous
régulièrement.
Mangez en petite quantité.
Bannissez les
suppléments
caféinés.
Les odeurs fortes
peuvent vous
réveiller.

107 garder la forme

La terre entière est votre coach personnel. Dans les parcs ou les aires de jeu, les opportunités d'entraînement sont omniprésentes. En outre, un peu d'air frais vous fera du bien, ainsi qu'au bébé.

course en poussette 108

navette spatiale abdominale 109

gonflette avec bébé 110

tractions avec bambin 111

112 réinventer la romance

Le chocolat, les huîtres, les enfants, lequel des trois n'est pas un aphrodisiaque ? La romance postpartum peut être un moment difficile à négocier, mais faire l'amour fera du bien à tout le monde : il efface le stress et stimule l'immunité. Soyez patient : une jeune maman a besoin de temps pour s'ajuster et se sentir à nouveau sexy.

Privilégiez la tendresse.

Soyez compréhensif.

Prenez une douche froide.

Occupez-vous l'esprit.

Abreuvez-la de compliments.

Restez sexy.

Attendez entre
4 et 6 semaines.

Faites des siestes ensemble.

Utilisez un lubrifiant.

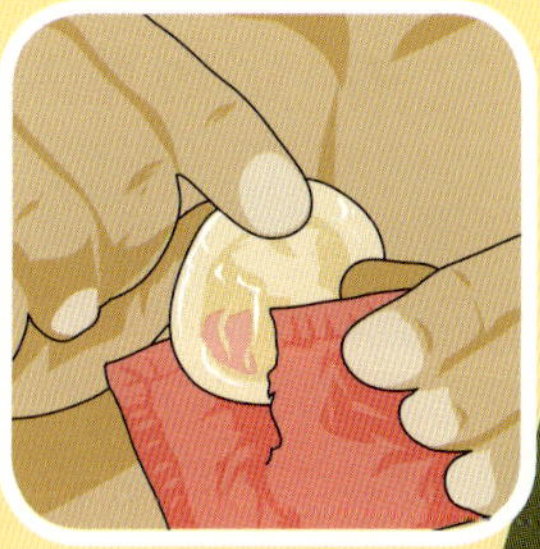

Pensez à la contraception.

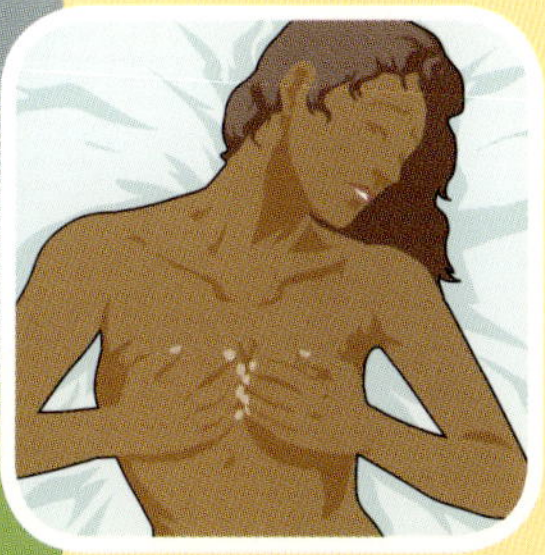

Ses seins peuvent être
douloureux.

Sachez rire de vos maladresses.

Tous les lieux que vous fréquentez, l'épicerie, l'aéroport ou la cour de votre immeuble peuvent se transformer en terrain de jeu. Et cela en un minimum de temps : le panier à linge sale se métamorphose en fusée en 3 secondes. Ce qui est formidable avec les jeux, c'est que c'est toujours simple ! Vous n'avez pas besoin d'un robot qui parle 6 langues, ni d'un lance-roquettes ! Des ballons, des boîtes, des bulles ou même votre sourire feront l'affaire. Pensez aux bénéfices énormes pour votre bébé : le jeu agit sur son développement moteur, augmente sa capacité de concentration et sa mémoire, sa sociabilité et son imagination. Sans parler des avantages pour le papa : c'est sans doute les seuls moments où un adulte peut agir comme un cheval, un ninja et un pirate le même jour ! Bref, jouer, c'est du gagnant-gagnant !

jouer

114 stimuler le développement de bébé

115 aider bébé à ramper

Poussez-le.

Éloignez les tentations.

Placez les jouets à 10h et à 14h.

Faites un tunnel.

12 mois et +	18 mois et +	24 mois et +	30 mois et +
bulles de savon renforcent la coordination œil-main, stimulent le toucher.	bac à sable affine les compétences motrices ; apporte de la stimulation tactile.	théâtre de marionnettes nourrit l'imagination, aide à l'apprentissage du langage, développe le lien social.	loupe apprend les causes et les effets ; enrichit l'expérience visuelle.

jeu de mimiques encourage le lien social et développe la conscience de son corps.	maracas en plastique promeuvent le sens du mouvement ; cultivent le sens du rythme.	jouer dans le bain apprend à résoudre des problèmes, affine les capacités motrices.	déguisement encourage la créativité ; développe le lien social.

116 encourager la marche

Donnez-lui quelque chose à pousser.

Soutenez-lui le torse et encouragez-le !

Enlevez-lui ses chaussures.

Attirez-le avec une lampe torche.

117 faire rire bébé

Faites des grimaces
et des drôles de sons.

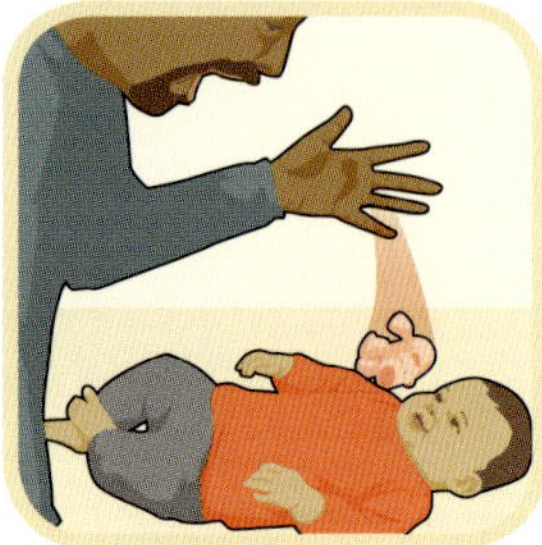

Faites tomber sur lui
des jouets mous.

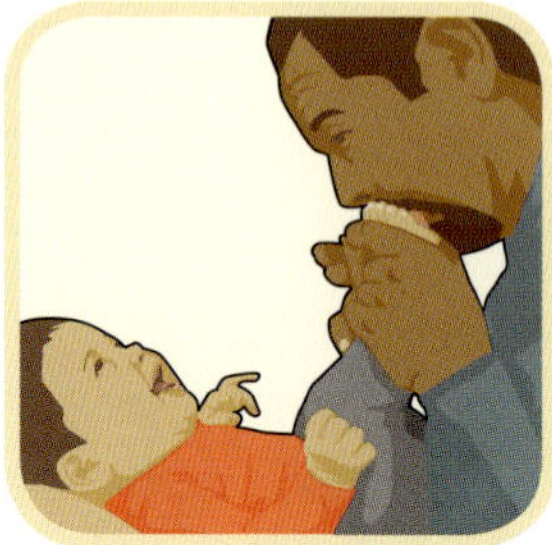

Grignotez et chatouillez-lui
les pieds.

Crachez des framboises.

118 jouer à « Coucou me voilà ! »

Cachez-vous.

Cachez une boîte
à musique.

Devinez quelle est
la bonne tasse.

Mettez un couvercle
sur une boîte

Cachez un jouet
derrière vous.

Recouvrez un jouet
avec une serviette.

Jouez avec un miroir.

Coucou me voilà !

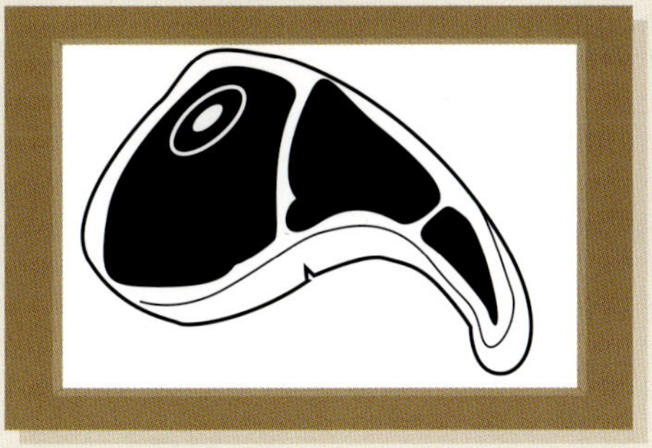

Les bébés sont stimulés par des images fortement contrastées comme celles-ci. Accrochez de simples photos en noir et blanc face à lui. Offrez-lui également des jouets très colorés.

Agitez doucement des jouets brillants.

réaliser un pochoir 25

Jouez de l'art des contrastes.

Portez des rayures !

Tirez lentement un jouet devant bébé.

120 à plat ventre

Relevez bébé pour qu'il voie mieux.

Posez quelque chose devant lui.

Posez-le sur votre ventre.

Soulevez-le sur votre cuisse.

Allongez-vous en face de lui.

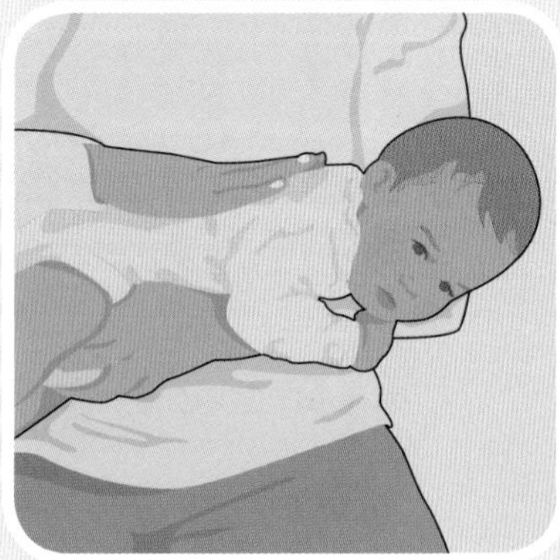

Enroulez-le avec vos bras.

* La position à plat ventre muscle le cou et le torse. Votre bébé appréciera de regarder autour de lui, donc n'hésitez pas à le relever. S'il se met à grincher, réessayez plus tard.

aider bébé à s'asseoir 121

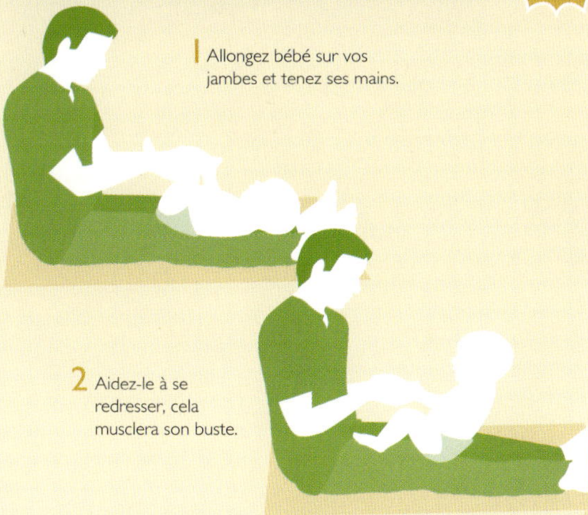

1 Allongez bébé sur vos jambes et tenez ses mains.

2 Aidez-le à se redresser, cela musclera son buste.

faire le sushi 122

1 Posez bébé sur une couverture ou une serviette.

2 Tirez délicatement le haut du tissu.

le redresser sur les coudes 123

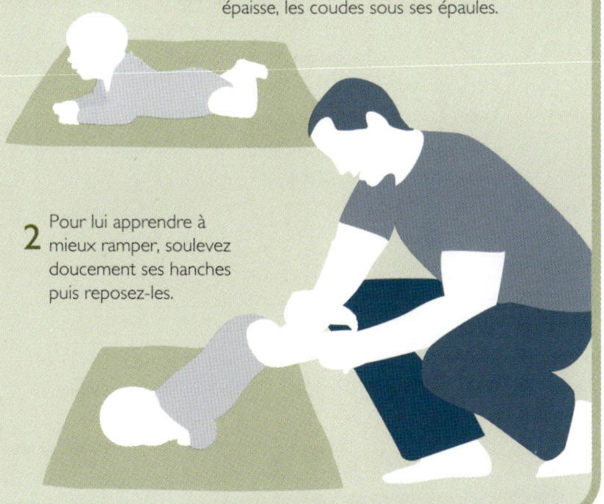

1 Placez bébé sur une couverture épaisse, les coudes sous ses épaules.

2 Pour lui apprendre à mieux ramper, soulevez doucement ses hanches puis reposez-les.

faire la brouette 124

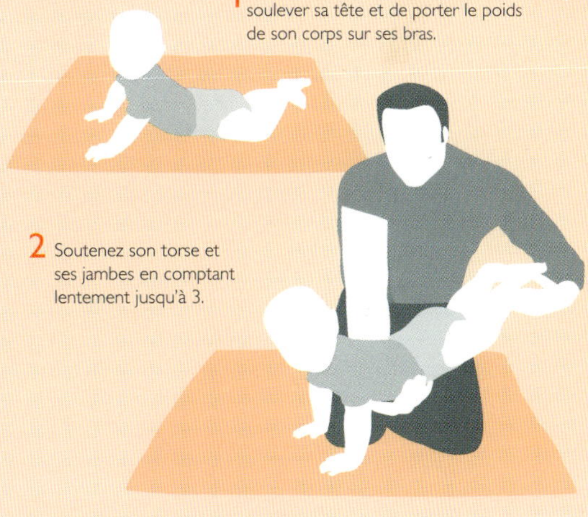

1 Attendez que bébé soit capable de soulever sa tête et de porter le poids de son corps sur ses bras.

2 Soutenez son torse et ses jambes en comptant lentement jusqu'à 3.

125 jouer à des jeux de papas

la panoplie spéciale bac à sable 126

127 augmenter ses compétences linguistiques

Répétez les mêmes bruits.

Créez le contact visuel, faites des mimiques.

Racontez-lui ce que vous faites.

Utilisez les gestes.

Nommez les objets que vous voyez.

Comptez.

Posez des questions.

Jouez avec le téléphone, répétez les mots.

128 comprendre sa langue des signes

Il suce son poing.

Il porte une tasse imaginaire à sa bouche.

Il serre les mains.

Il tape son visage, paume ouverte.

jouer à l'avion 129

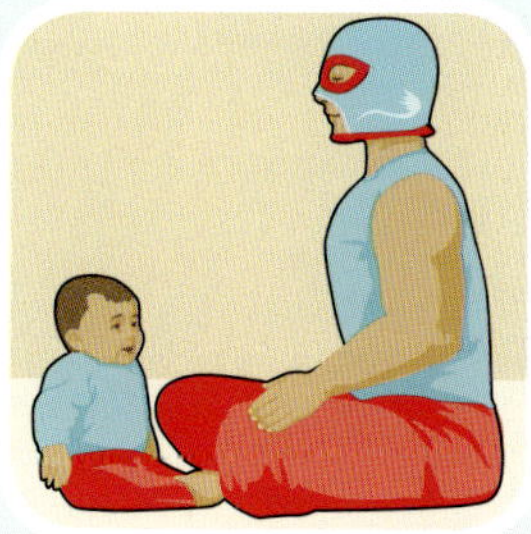

Asseyez-vous en face de bébé.

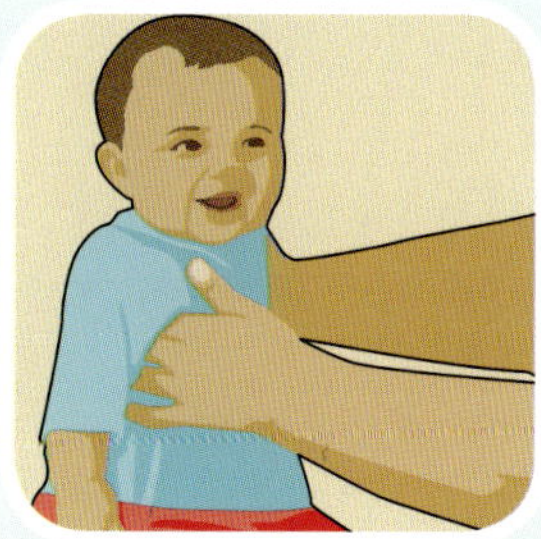

Tenez-le sous les bras.

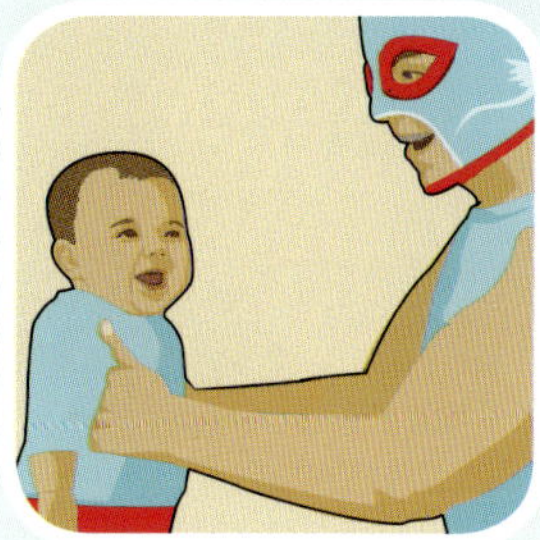

Demandez-lui si l'équipage est prêt.

Comptez à rebours
pour le décollage.

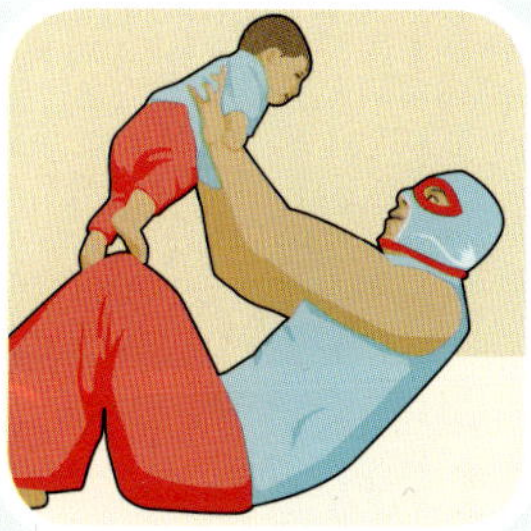

Roulez sur le dos
pour le décollage.

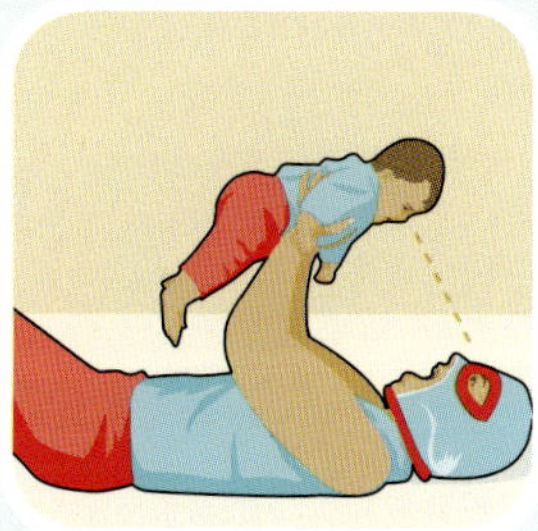

Gardez le contact visuel.

Faites-le atterrir en douceur.

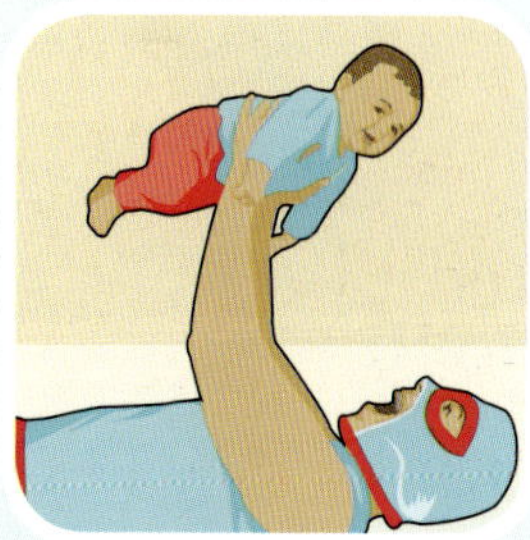

Recommencez.

faire la pendule 130

Portez-le bien fermement.

Soulevez-le.

Balancez-le doucement
à droite.

Puis doucement à gauche.

131 transformer les objets domestiques en jouets

Les objets du quotidien font des jouets fantastiques. Avec un peu d'imagination, votre petit monstre va passer un moment formidable !

Écrasez des maisons faites de sacs en papier.

Un accident de boîtes en plastique.

Participez à une course de balles.

Jonglez avec des chaussettes.

150 construire des voitures en carton
Démolissez une tour de cubes.
Faites un tour en panier à linge sale.
Jouez des casseroles.
Construisez un château fort en carton.

132 sortir avec bébé

Emmenez-le au match.

Profitez des joies du plein air.

Faites-lui profiter d'un concert.

Promenez-vous à la fête foraine.

Assistez à un défilé.

Emmenez-le dans un congrès.

Amusez-vous au musée des sciences.

Rencontrez les animaux du zoo.

133 réussir une vraie course d'obstacles

Commencez par un salut.

Aidez-le à slalomer.

Tapez dans les obstacles.

Glissez à l'intérieur de la forteresse.

134 observer l'évolution de ses mouvements

Tout comme nos civilisations à travers les âges, la mobilité de votre enfant évoluera dans le temps… mais heureusement plus rapidement ! Voici l'évolution moyenne de cet apprentissage, mais gardez à l'esprit que votre bébé fera les choses à son rythme.

1er mois
soulève sa tête sur une surface plane

2-3 mois
s'appuie sur ses avant-bras pour soulever sa tête

3 mois
pousse sa tête et sa poitrine vers le haut

3-4 mois
roule sur son ventre et son dos

4-5 mois
tient assis sur un support

5-6 mois
s'assoie tout seul

Grimpez des sommets.

Renversez une tour de jouets.

Biscuits pour karatekas.

Recueillez votre récompense.

6-11 mois
avance en rampant

7-10 mois
se met debout, avance en se tenant aux meubles ou aux jouets à pousser

10-14 mois
tient debout tout seul

12-14 mois
marche tout seul

14 mois et +
marche bien, peut tirer des jouets

135 se promener au printemps

Écoutez le bruit des gouttes d'eau sur votre parapluie.

Arrêtez-vous pour scruter la nature qui éclôt.

Allez-y, laissez-le se mouiller. Vous le sécherez plus tard.

Réchauffez-le bien en rentrant à la maison.

136 profiter du soleil d'été

Mettez une couche de bain à bébé et avancez tous les deux dans l'eau. Ne le laissez jamais seul au bord.

Invitez votre ombre à jouer avec vous.

Restez bien à l'ombre et tartinez-le de crème solaire.

Emportez un pique-nique et donnez-lui beaucoup d'eau.

137 partir à l'aventure en automne

138 faire un tour en hiver

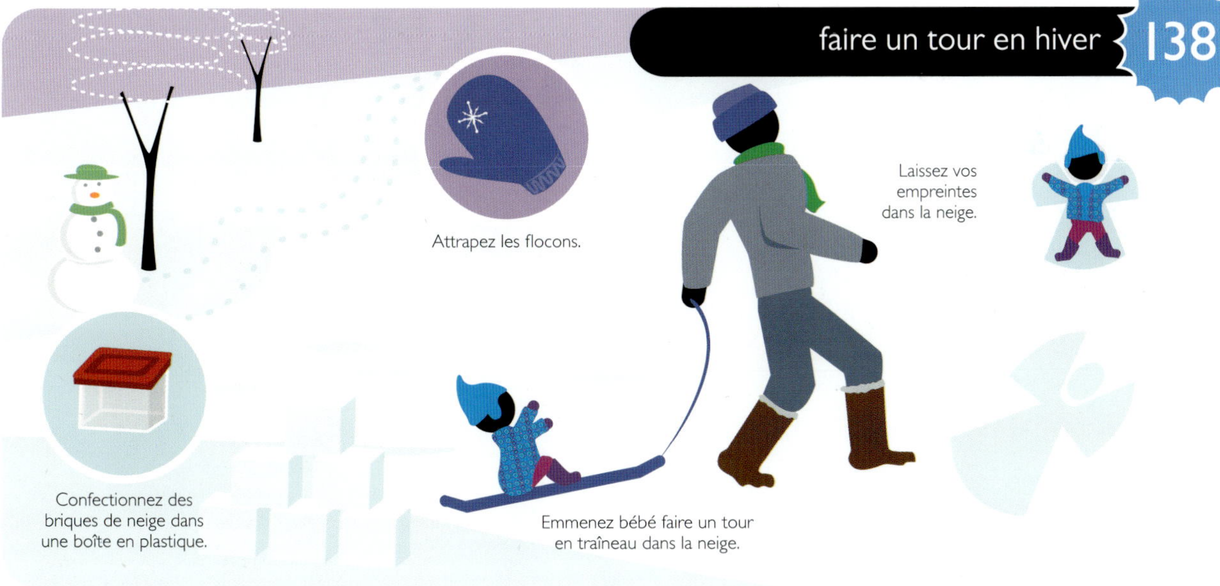

139 préparer une omelette aux petits pois

Mélangez les œufs avec un peu de lait.

Ajoutez les petits pois et mélangez.

Faites cuire à la poêle.

Servez avec un peu de jambon.

140 préparer un safari gourmand

Versez une crème dessert dans une assiette.

Attachez bébé dans sa chaise haute.

Ajoutez des biscuits en forme d'animaux.

Soyez prêts pour un safari.

faire cuire une « pita pizza » 141

Étalez de la sauce tomate sur les pitas.

Recouvrez d'une tranche de fromage.

effacer les taches rebelles 90

Décorez de motifs rigolos.

Cuisez, coupez et servez.

créer des formes rigolotes en gélatine 142

Mélangez le jus et la gélatine.

Faites chauffer un autre jus à feu doux.

Mélangez les deux.

Touillez jusqu'à ce que la gélatine fonde.

Versez dans un moule.

Mettez au frigo.

Découpez des formes à l'aide d'emporte-pièces.

Dégustez.

143 confectionner des gâteaux à la boue

Versez la terre dans un seau.

Ajoutez de l'eau, mélangez.

Versez dans un moule.
Laissez sécher au soleil.

Décorez avec des fleurs.

144 construire un château de sable

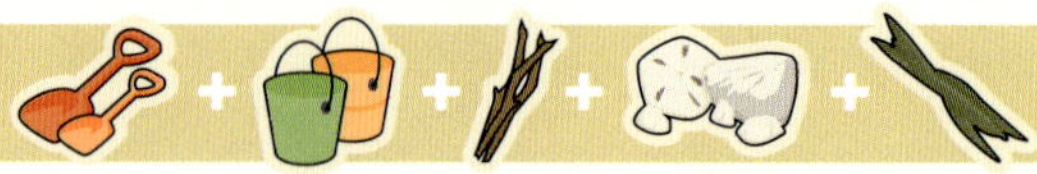

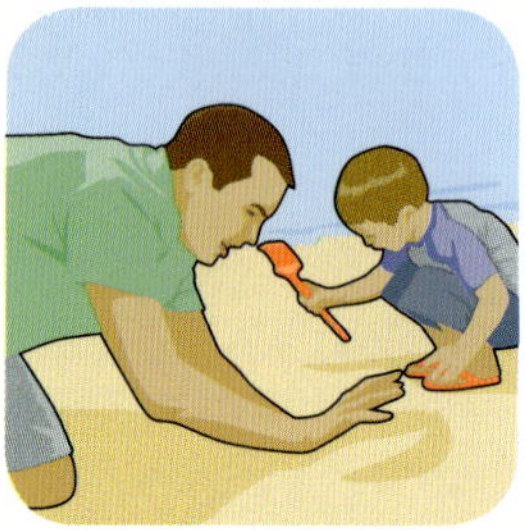

Aplanissez le sol.

Ramassez du sable.

Donnez-lui une forme
en le mouillant.

Décorez votre château et
construisez des douves.

Soufflez des bulles de savon.
Remplissez, agitez et versez.
Partez à la pêche aux jouets.
Faites surgir un canard.
Arrosez-le avec le jet d'une bouteille.
Essayez des lunettes de bébé pour combattre sa phobie de l'eau.
Accrochez des formes en mousse sur les bords de la baignoire.
Gardez les jouets et les produits de beauté à portée de main. Ne laissez jamais bébé sans surveillance.

146 peindre dans la neige

Mélangez de l'eau et un colorant alimentaire.

Versez dans un spray.

Vaporisez sur la neige.

Amusez-vous bien !

147 peindre avec la nourriture de bébé

Rassemblez « les couleurs ».

Préparez-vous à en mettre partout.

Attachez bébé dans sa chaise haute.

86 baigner un bébé

Montrez à bébé comment peindre.

148 jouer avec des bulles

Stimule l'acuité visuelle.

Améliore la perception des reliefs.

Encourage les mouvements.

Laissez-le faire.

149 faire un puzzle avec des baguettes

Scotchez les baguettes de bois ensemble.

Utilisez des feutres non toxiques.

Enlevez le ruban adhésif. Mélangez les baguettes.

Reformez le puzzle.

150 construire des voitures en carton

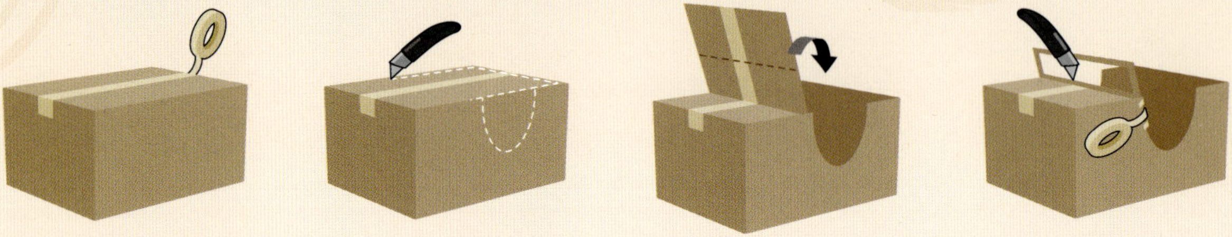

1 Scotchez le carton.

2 Découpez le siège et les portes.

3 Dessinez et pliez le pare-brise.

4 Découpez le pare-brise.

5 Collez des roues plates.

6 Collez des phares.

7 Customisez à la peinture. *

8 Ajoutez du tissu d'ameublement.

* Ne vous réservez pas tous les plaisirs. Quand vous en serez à peindre, laissez bébé customiser son véhicule.

151 fabriquer son propre livre

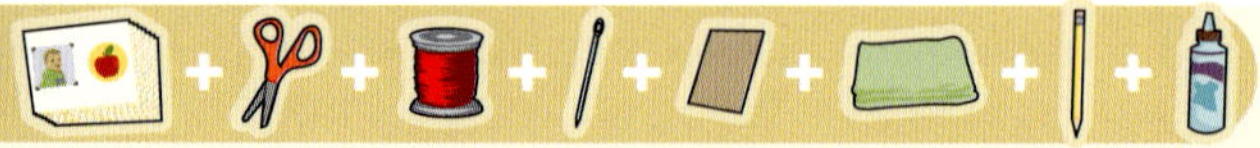

1 Coupez et pliez le papier.

2 Cousez les pages ensemble.

3 Découpez du papier carton pour la couverture.

4 Placez le carton sur la page de couverture.

152 lire un livre ensemble

Choisissez un livre solide.

Regardez les images.

Mettez-y le ton.

Décrivez les images.

5 Coupez un peu les débords.

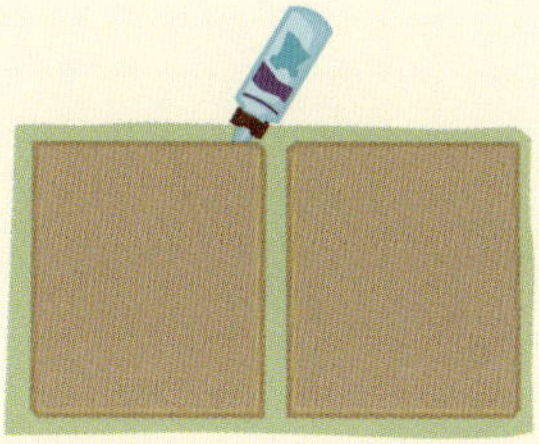

6 Collez le carton sur la page de couverture.

7 Repliez et collez les angles.

8 Collez la première et la dernière page.

Relisez-lui ses passages favoris.

Évitez les distractions extérieures.

Personnalisez l'histoire.

Utilisez des effets sonores.

Si bébé apprécie une histoire, relisez-la. Vous allez peut-être vous ennuyer, mais les bébés adorent la répétition.

153 inventer un conte

Choisissez un cadre.

Faites de votre bébé le héros.

Choisissez un objectif.

Introduisez un méchant.

Battez-le à plate couture…

… d'une façon non violente.

Réalisez votre objectif.

Vivez ensuite très heureux !

faire des ombres chinoises 154

Les ombres chinoises rendent les histoires amusantes et pleines de créativité. Pour débuter, voici quelques animaux, mais les possibilités sont sans limite.

gorille

loup

élan

bœuf

chauve-souris

panthère

perroquet

antilope

cygne

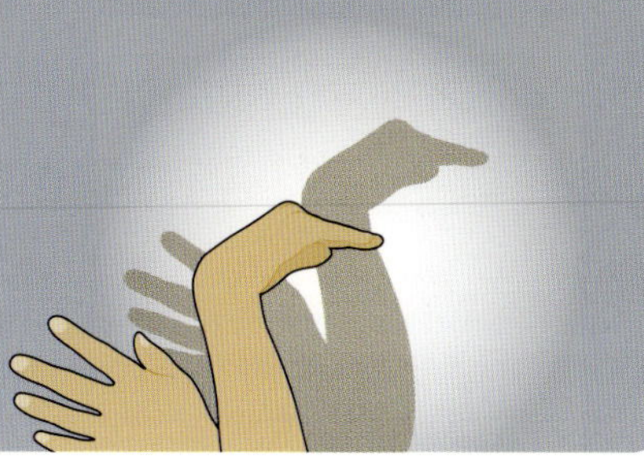

155 construire une capsule temporelle

Une capsule temporelle est une bonne façon de collecter et d'archiver les souvenirs des premières années de bébé. (En outre, enterrer vos souvenirs dans le jardin signifie avoir plus de place dans vos placards.) Quand votre enfant sera assez grand, cette capsule sera pour lui une véritable aventure. Assurez-vous donc de tout stocker dans un contenant hermétique et ne perdez pas la carte du trésor !

dessiner une carte au trésor 156

Dessinez le jardin.

Mesurez l'emplacement.

Ou enregistrez-le sur votre GPS.

Mettez la carte en sûreté.

outils

jouet
ventilateur
citron vert
colle non toxique
tasse à bec
aspirateur
éponge
jouet
bavoir
tissu
algues
t-shirt
jouet
ciseaux
peintures non toxiques
légumes en tranches
carte du métro
feutres non toxiques
légumes verts
barboteuse
yaourt
vêtements de pluie
bain moussant
petits morceaux de nourriture
posologie
savon
jouet
gants de toilette
bol en verre
calicot
jouet
peinture murale
cuillère à soupe
siège auto
cubes en bois
détergent
eau minérale
pyjamas de bébé
tasses en plastique
boîte à pizza
vêtements de bébé
aliments en morceaux
sac à change
billets d'avion
pochoir
veste
fil
jouet
chaise haute
jouet
lubrifiant
lingettes pour bébé
biberon
fer à repasser
sauce tomate
places de théâtre

scotch électrique
magazine masculin
jouet
fromage râpé
jus
pinceau
boîte en carton
cookies
bougie
pots pour bébé
balle
fleurs
oreiller
jouet
papier de verre
baguettes
aspirateur
préservatif
bébé
passoire
perceuse
bâtons
lyre de lampe
gâteaux animaux
jouet mou
bulles
couches
lunettes de natation
coussins
pinceau
lampe de poche
sandwichs
emmaillotement
jouet
dés de jambon
balle
seaux en plastique
prise
bois
en-cas
sac à bébé
bouquet
oreiller de maintien
pince
poêle
carton
bande adhésive
serpière
pelle en plastique
grenadine
lotion pour bébé
tournevis
cuillère
carton
pain à pita
liens pour cables électriques
quartet
lime à ongles
panier à pique-nique
allumettes
boue
spatule
pain de gélatine
serviette

crayons non toxiques
shampooing pour bébé
assiettes en papier
filtre à eau
écumoire
chaine stéréo
altères
costume de ninja
canard en caoutchouc
papier
œufs
baignoire pour bébé
emporte-pièces
aiguille
agrafeuse
pinceau fin
crayon
col et manchettes
sac pour lait maternel
foret
stéréo
coupe-ongles
oreillettes
cutter
limonade
colle non toxique
sac réutilisable
console de jeux
verre
cordon
lampe de poche
tableaux très contrastés
jouet
marqueur noir
en-cas
moule à tarte
cuillère doseuse
fouet
téléphone portable
cintres
oreiller
biberon
papier transfert
pinces
petite casserole
GPS
plat
smartphone
pages de livre
serviettes en papier
glace
cuillère
palette à peinture
coffre
équerre
miroir
coquillages
miroir à main
verre à martini
ruban adhésif
poêle et couvercle
colorants alimentaires
sac à poussette
imprimante
+

index

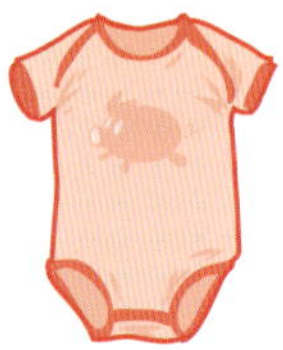

32

1

65

16

106

m-n-o

p-q-r

s-t-u

108

106

155

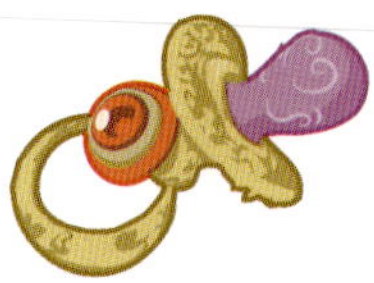

153

140

132

125

140

11

66

comment

© Édition française : Hugo & Cie, 2013.

38 rue La Condamine

75017 Paris

© Première édition : Weldon Owen Inc. 2011

Titre original : Show dad how / Shawn Bean

ISBN : 9782755623574
Dépôt légal : février 2016
Imprimé en Chine

HUGO ET COMPAGNIE :

Direction éditoriale : Franck Spengler

Coordination éditoriale : Audrey Messiaen

Direction d'ouvrage : Pierre Humeau

Traduction : Caroline de Hugo

Correction : Audrey Messiaen

Fabrication : Amaïa Errandonea

Éditeur exécutif : Elizabeth Dougherty

Éditeur associé : Katharine Moore

Chef de projet : Jann Jones

Chefs designers : Rachel Liang, Meghan Hildebrand

Remerciements :

Scénaristes
Sarah Duncan, Sheila Masson, Jamie Spinello, Brandi Valenza, Astrea White, Kevin Yuen

Illustration :
Hayden Foell, Jamie Spinello, Ross Sublett

Éditorial :
Kendra DeMoura, Emelie Griffin, Marianna Monaco, Gail Nelson-Bonebrake, David Sackrider, Marisa Solís

Un grand remerciement à Mariah Bear et Lucie Parker pour leur expertise.

Les illustrations de ce livre sont le résultat d'un important travail d'équipe. Nous sommes heureux et fiers de remercier nos illustrateurs.

Couverture : **Tina Cash Walsh, Britt Hanson, Paula Rogers**

Dernière de couverture : **Juan Calle (Liberum Donum), Steve Balesta, Gabhor Utomo**

Intérieur :

Steve Baletsa: 21, 59–60, 70, 77–78 **Conor Buckley:** 12 bg, 17, 24, 35–37, 70 bg, 112 bg, 119 bg, 140 bg, 143 bg, 151 **Juan Calle (Liberum Donum):** 1–5, 11, 16, 18, 20 fr, 23, 30–32, 43–44, 49–51, 65–68, 71–73, 94–97 fr, 108–111, 112–113 fr, 125–126, 131–133, 153, 155–156 **Tina Cash–Walsh:** 76, 79, 82, 85–88 **Hayden Foell:** 13, 22 **Britt Hanson:** 19, 41, 62, 83, 90, 114, 135–138, 145 bg **Vick Kulihin:** 27, 29, 34, 38, 40 **Raymond Larrett:** 69 **Rachel Liang:** 6, 45 **Christine Meighan:** 99, 139, 141, 143 **Paula Rogers:** 7, 12, 61, 63–64, 74–75, 80, 84, 120, 146, 148 **Ross Sublett:** 15 **Bryon Thompson:** 10 bg, 14, 20 bg, 81–82, 94–97 bg, 121–124, 150 **Lauren Towner:** 105, 115–116, 119, 134 **Gabhor Utomo:** 8–9, 10 fr, 26, 39, 46–48, 53–58, 84, 89, 93, 98, 101–104, 106–107, 117–118, 127–130, 140, 142, 144, 145 fr, 147, 149, 152 **Mary Zins** 25, 28, 33, 91, 100, 154

note de fin

J'espère que vous savez désormais qu'un top papa est comme un yeti : vous avez entendu dire que ça existe, mais vous n'en avez jamais vu. Avec quelques trucs (n°69), un tour dans sa manche (n°131) et un peu de repos (n°106), nous pouvons tous être le meilleur papa possible. Je dois y aller – d'autres incroyables aventures de top papa m'attendent (n°153) !

hé, papa !

Nous adorons avoir des nouvelles de nos lecteurs si talentueux. Envoyez-nous vos idées, vos suggestions ou même vos photos et vidéos pour nous montrer vos talents de papa. Qui sait, vous pourriez être mentionné dans la prochaine édition !

www.hugoetcie.fr

COMMENT
Éditions Hugo et Compagnie
38, rue La Condamine
75017 Paris